Alfabetizar e letrar

**Dados Internacionais de Catalogação na Publicação (CIP)**
**(Câmara Brasileira do Livro, SP, Brasil)**

Carvalho, Marlene
   Alfabetizar e letrar : um diálogo entre a teoria e a prática / Marlene Carvalho. 12. ed. – Petrópolis, RJ : Vozes, 2015.

9ª reimpressão, 2023.

ISBN 978-85-326-3189-3
Bibliografia.
1. Alfabetização 2. Letramento I. Título.

05-3757                                                                                   CDD-410

Índices para catálogo sistemático:
1. Alfabetização e letramento : Linguística   410

Marlene Carvalho

# Alfabetizar e letrar

Um diálogo entre a teoria e a prática

Petrópolis

© 2005, Editora Vozes Ltda.
Rua Frei Luís, 100
25689-900 Petrópolis, RJ
www.vozes.com.br
Brasil

Todos os direitos reservados. Nenhuma parte desta obra poderá ser reproduzida ou transmitida por qualquer forma e/ou quaisquer meios (eletrônico ou mecânico, incluindo fotocópia e gravação) ou arquivada em qualquer sistema ou banco de dados sem permissão escrita da editora.

**CONSELHO EDITORIAL**

**Diretor**
Volney J. Berkenbrock

**Editores**
Aline dos Santos Carneiro
Edrian Josué Pasini
Marilac Loraine Oleniki
Welder Lancieri Marchini

**Conselheiros**
Elói Dionísio Piva
Francisco Morás
Gilberto Gonçalves Garcia
Ludovico Garmus
Teobaldo Heidemann

**Secretário executivo**
Leonardo A.R.T. dos Santos

*Editoração*: Fernanda Rezende Machado
*Diagramação*: AG.SR Desenv. Gráfico
*Capa*: Marta Braiman

ISBN 978-85-326-3189-3

Este livro foi composto e impresso pela Editora Vozes Ltda.

Para Angela Camara Fernandes d'Araujo,
Coordenadora do Curso de Extensão em
Alfabetização da UFRJ, pela amizade e pelo apoio.

# Sumário

*Introdução*, 9

Parte I – Alfabetização, 11

   1. Revisitando os métodos de alfabetização, 13

   2. Métodos sintéticos: da soletração à consciência fonológica, 21

   3. Métodos globais: aprender a ler a partir de histórias ou orações, 32

   4. Trabalhando com textos na alfabetização, 49

   5. Duas lições de leitura, 57

Parte II – Letramento, 63

   6. O que significa letramento?, 65

   7. Espaços de letramento escolar: a sala de aula e a sala de leitura, 72

   8. A audácia de Lula e as reações dos leitores, 85

   9. A arte de contar histórias, 88

   10. Tem poesia na escola?, 92

   11. Uma carta para o Brasil, 96

Parte III – Um diálogo entre a teoria e a prática, 103

   12. Espelho, espelho meu: alfabetizadoras falam de sua prática, 105

   13. Histórias de pequenos leitores, 119

   14. Carta para alfabetizadores de jovens e adultos, 124

   15. A batalha dos métodos, 129

   16. Alfabetização sem receita e receita de alfabetização, 132

   17. Medidas provisórias para acabar com o analfabetismo, 134

   18. A alfabetizadora em busca de sua identidade, 136

# Introdução

*Alfabetizar* e *letrar* são processos distintos, porém interligados. Como disse Magda Soares (2003)[1], *é possível alfabetizar letrando*, isto é, podemos ensinar crianças e adultos a ler, a conhecer os sons que as letras representam e, ao mesmo tempo, com a mesma ênfase, convidá-los a se tornarem leitores, a participarem da aventura do conhecimento implícita no ato de ler.

O título refere-se também a *um diálogo entre a teoria e a prática*, porque o livro é fruto de minha experiência docente nos Cursos de Extensão em Alfabetização, da Faculdade de Educação da UFRJ. Entre 1986 e 2002, mais de mil professores do Ensino Fundamental, 99% dos quais eram mulheres, trabalhando em escolas públicas, frequentaram esses cursos.

Ouvindo as alunas, aprendi muito sobre o divórcio entre a teoria e a prática, os problemas e as vitórias das professoras, a angústia que sentem por não darem conta de tudo que delas se espera, e suas preocupações com a vida atual e futura das crianças. Muitas vezes fizeram-me perguntas que desafiavam explicações teóricas e, na tentativa de respondê-las, dialoguei, realizei pesquisas, escrevi e organizei oficinas, atividades que estão retratadas neste livro.

Ao tratar do tema *alfabetização*, no sentido de aprendizagem inicial da leitura e escrita ou aquisição do código alfabético, passo em revista as bases teóricas e os procedimentos didáticos de diversos métodos de alfabetização, e faço observações sobre sua aplicação, extraídas da experiência prática, dos modos de pensar e de agir de quem está *com a mão na massa*. Aqueles que estão se iniciando no ofício de alfabetizar têm muitas dúvidas e preocupações a respeito dos métodos, até porque as questões metodológicas da alfabetização têm sido relegadas a segundo plano nos cursos de formação inicial e continuada, com prejuízo para alunos e professores.

A propósito de *letramento*, no sentido de apropriação da leitura e da escrita para uso na vida social, apresento sugestões didáticas para professores

---

[1]. SOARES, Magda. *Letramento e alfabetização:* as muitas facetas. [Trabalho apresentado na 26ª Reunião Anual da Associação Nacional de Pós-Graduação e Pesquisa em Educação. Poços de Caldas, 7 de outubro de 2003].

de 1ª a 4ª séries. Além disso, o livro contém textos resultantes de pesquisas sobre alfabetização e letramento, e textos didáticos próprios para discussão em cursos de formação inicial e continuada de alfabetizadores.

Ao longo dos anos, muitas pessoas foram responsáveis pelo sucesso dos cursos de extensão em alfabetização, principalmente professores da Faculdade de Educação da UFRJ e da Secretaria Municipal de Educação do Rio de Janeiro, que aceitaram convites frequentes para darem aulas e organizarem oficinas, prestando uma colaboração preciosa.

Muito obrigada a Miriam Lemle, presença constante nos cursos, que trouxe consigo colegas da Faculdade de Letras da UFRJ para contribuírem com os saberes das respectivas áreas de especialização.

Devo um agradecimento especial às professoras Angela Camara Fernandes d'Araujo, Monica Ron-Rén e Lilian Ulup, da Faculdade de Educação da UFRJ, que trabalharam com muita competência na Coordenação de Extensão, para que os cursos atendessem aos interesses acadêmicos e às necessidades profissionais das alunas. Obrigada por sua generosidade, entusiasmo e disponibilidade.

De coração, agradeço às alunas, cujas perguntas, reflexões e críticas me levaram a repensar a teoria e a prática e a escrever este livro. Espero que ele venha a ser uma pequena peça no mosaico da formação de outras professoras – ou "cacos para um vitral" –, como disse Adélia Prado.

# Parte I
## ALFABETIZAÇÃO

# 1
# Revisitando os métodos de alfabetização

**Tempo de aprender a ler**

Costumo perguntar a meus alunos e aos professores com quem trabalho como foi que aprenderam a ler. A menos que tenha sido um tempo difícil, de sofrimento e fracasso, geralmente não se recordam de grande coisa. Guardam imagens vagas: um rosto de professora ou a figura da mãe que se antecipou à escola, ensinando as primeiras letras; uma cartilha cujo nome esqueceram, raramente uma travessura ou uma tristeza adormecida.

Se a maioria das pessoas parece incapaz de explicar como foi sua alfabetização, por sorte, alguns escritores se lembram.

Ana Maria Machado[1] aprendeu a ler muito cedo, decifrando jornais, com a ajuda esporádica de alguém, que vez por outra lhe ensinava os sons das letras, nada muito sistemático. A futura escritora ia juntando retalhos de informação e finalmente se descobriu lendo, para espanto da professora do jardim de infância, que pediu satisfações à família pela audácia de alfabetizar uma criança tão pequena. Interrogada, a mãe de Ana Maria negou o crime.

No livro *Infância*, as recordações amargas de Graciliano Ramos (1953) começam pela figura temível do pai, que tentou ensiná-lo a ler à força de ameaças, gritos e pancadas de vara. A cartilha feia e mal impressa era um folheto de papel ordinário, que se desmanchava entre os dedos do menino, molhados de suor nervoso. Quando conseguiu aprender as primeiras letras descobriu que o sofrimento não tinha acabado:

> Enfim consegui familiarizar-me com as letras quase todas. Aí me exibiram outras vinte e cinco, diferentes das primeiras e com os mesmos nomes delas. Atordoamento, preguiça, desespero, vontade de acabar-me. Veio terceiro alfabeto, veio quarto,

---

[1]. Relato feito pela escritora numa palestra para professores do Curso de Extensão em Alfabetização, da Faculdade de Educação da UFRJ.

> e a confusão se estabeleceu, um horror de quiproquós. Quatro sinais com uma só denominação. Se me habituassem às maiúsculas, deixando as minúsculas para mais tarde, talvez não me embrutecesse. Jogaram-me simultaneamente maldades grandes e pequenas, impressas e manuscritas. Um inferno... (RAMOS, 1953, p. 102).

Finalmente, o pai desistiu e entregou a tarefa à filha Mocinha, que ensinou Graciliano a soletrar. Depois de gaguejar sílabas durante um mês, o menino encontrou, no fim do livro, frases que soletrava mas era incapaz de compreender.

> A preguiça é a chave da pobreza.
>
> Fala pouco e bem: ter-te-ão por alguém.

Graciliano embatucava: que chave seria aquela? Quem era Terteão? Julgava que fosse um homem. Mocinha também não compreendia.

Semialfabetizado, entrou na escola, onde encontrou uma mestra paciente e boa, que cheirava bem, e até conversava com as crianças. As lembranças desse tempo são doces:

> Felizmente D. Maria encerrava uma alma infantil. O mundo dela era o nosso mundo, aí vivia farejando pequenos mistérios nas cartilhas. Tinha dúvidas numerosas, admitia a cooperação dos alunos, e cavaqueiras democráticas animavam a sala (RAMOS, 1953, p. 113).

Memórias agradáveis da alfabetização são as de Bartolomeu Campos de Queirós, que mais de uma vez, em encontros e seminários de professores, falou com saudade sobre Lili, personagem do livro em que aprendeu a ler[2]. Disse o escritor mineiro: *Lili foi minha primeira namorada.*

A escritora e psicanalista francesa Françoise Dolto conta que tinha muita curiosidade por um determinado livro infantil, por isso se lançou com entusiasmo à tarefa de aprender a ler. Logo se desencantou, porém, com os exercícios de soletração que a governanta lhe propunha. Absolutamente não entendia como tais atividades poderiam levá-la a ler a história desejada. Ao fim de três ou quatro meses, foi capaz de soletrar, mas ficou muito desapontada: achou tudo horrivelmente longo e idiota.

> Eu ia balbuciando com uma voz tensa, os olhos fixos no texto para juntar as letras. E, naturalmente, um texto não quer dizer nada quando é declamado sílaba por sílaba. Então ela (a governanta) me dizia: "escute o que está lendo! Está muito bem, muito bem, você lê perfeitamente, mas escute o que está lendo!" E aí, um dia consegui escutar: eram sílabas separadas, mas que

---

[2]. FONSECA, Anita. *O livro de Lili.* 2. ed. Rio de Janeiro: Francisco Alves, 1942 [Manual de leitura pelo método global, muito usado em Minas Gerais nos anos de 1940 e 1950].

queriam dizer alguma coisa se fossem agrupadas ao serem ouvidas. Agora, eu sabia ler e não queria mais largar o texto. Queria continuar (DOLTO, 1990, p. 72).

O relato de Dolto fornece pistas sobre o que se passa com algumas crianças – o menino Graciliano e outras – que ficam perplexas diante desses símbolos miúdos, impressos em preto sobre a página branca, marcas incompreensíveis que os adultos dizem conter palavras e histórias. Como é possível? Como funciona? Nada faz sentido para as crianças mas os pais, a professora, a escola exigem que elas aprendam a ler. E lá se vão, repetindo, copiando, soletrando, adivinhando, pensando, até que aprendem a ler. Ou não.

Diferentes teorias de aprendizagem se propõem a explicar como a criança aprende – por associação (estímulo-resposta), pela ação do sujeito sobre o objeto do conhecimento (construtivismo), pela interação do aprendiz com o objeto do conhecimento intermediado por outros sujeitos (sociointeracionismo). Essas teorias, que assumiram a dianteira na formação de professores em diferentes momentos históricos, embasam (ou condenam) certos métodos e técnicas de alfabetização. Mas nem sempre explicam por que alguns alunos aprendem rapidamente e outros não.

Será o fracasso escolar, fenômeno social antigo e persistente em nosso país, uma questão de métodos? Não. Desde a década de 1980 (CARVALHO, 1987), a pesquisa sobre alfabetização tem indicado um conjunto de fatores escolares e extraescolares responsáveis pela evasão e repetência, que afetam fortemente as classes de alfabetização e de primeira série.

As condições inadequadas de ensino, que estamos ainda longe de superar mesmo nas grandes cidades, são turmas numerosas, jornada escolar insuficiente, despreparo das professoras, métodos inadequados ou mal aplicados, material didático desinteressante, falta de bibliotecas e salas de leitura etc.

Os fatores extraescolares são sociais e decorrem da pobreza das famílias: ingresso tardio na escola, frequência irregular devido a doenças ou a condições de trabalho dos pais ou das crianças, falta de recursos para comprar material didático, ausência de livros e jornais no lar, pais analfabetos, pouca ou nenhuma cooperação entre a escola e as famílias (CARVALHO, 1987).

Cada um desses fatores, isoladamente, não é suficiente para explicar as dificuldades de um determinado aluno. Há fracassos sociologicamente previsíveis, mas há também meninos e meninas pobres, de famílias iletradas, estudando em escolas de baixa qualidade, que aprendem a ler no seu primeiro ano escolar, superando condições adversas.

Os repetentes crônicos geralmente acumulam uma série de desvantagens: frequentam escolas ruins, tiveram pouco contato com a leitura e a escrita antes de ingressar na escola, faltam muito, perderam a motivação para aprender, têm baixa autoestima decorrente da pobreza, de maus-tratos, da repetência etc. Estes são os casos que representam os maiores desafios para as professoras.

**Mudam os tempos, mudam os leitores**

Ao longo do tempo e em diferentes meios sociais, variam os tipos de leitores projetados pela sociedade e cultivados pela escola.

Até o final da Segunda Guerra Mundial, mais da metade da população brasileira era analfabeta e vivia predominantemente em áreas rurais. Embora os analfabetos não tivessem direito a voto, o simples fato de saber assinar o nome quase sempre permitia ao cidadão tirar o título de eleitor.

A partir dos anos de 1950, cresceram as taxas de urbanização e industrialização e aumentou a matrícula de crianças nas escolas, porém os índices de analfabetismo permaneceram elevados, principalmente nas áreas rurais. O governo federal criou várias campanhas de alfabetização para jovens e adultos cujo objetivo maior era ensinar a decifrar palavras e frases simples (CARVALHO, 1977), mas a produção contínua de analfabetos causada por sistemas escolares inadequados e condições sociais de extrema desigualdade não cessou.

Assim chegamos ao século XXI com cerca de vinte milhões de analfabetos, aos quais se somam outros tantos cidadãos que possuem apenas rudimentos de leitura e escrita. No entanto, espera-se que os trabalhadores urbanos das funções mais modestas tenham no mínimo condições de ler e entender avisos, ordens, instruções. Para as funções qualificadas, exigem-se pessoas capazes de usar a leitura e a escrita para obter e transmitir informações, para comunicar-se, para registrar fatos. Daí a responsabilidade da escola, especialmente da escola pública, de oferecer oportunidades de alfabetização e letramento a todos.

**Tempo de ensinar a ler**

Para a professora, a primeira turma de alfabetização é uma responsabilidade que preocupa e assusta. Colegas de trabalho e famílias dos alunos estão atentos aos resultados. Quem tem êxito constrói uma reputação valiosa. Quem fracassa, recebe no ano seguinte uma turma mais fraca, de crianças mais pobres, repetentes, que não têm quem olhe por elas.

Por que muitas professoras consideram difícil ensinar a ler? Tenho algumas hipóteses.

Alfabetizar uma turma de 28, 30 ou mais alunos é muito diferente de alfabetizar uma única pessoa, em particular. Os ritmos de aprendizagem variam, as experiências anteriores dos alunos com a leitura e a escrita também.

Crianças pequenas, especialmente as que não frequentaram o jardim de infância, devem assimilar normas escolares de conduta e aprender a viver em grupo. A turma tem vida social intensa, alianças se formam e se desfazem, surgem afinidades e antipatias. Há conflitos e disputas, a professora é ao mesmo tempo mediadora, juíza, apaziguadora, estimuladora, autoridade responsável pela segurança física, animadora da aprendizagem, ombro amigo e, às vezes, mãe substituta. Além disso, tem que ensinar a ler e escrever.

Do ponto de vista de quem está com a mão na massa, as relações interpessoais que se estabelecem na classe – de harmonia e cooperação, ou de conflito – constituem uma preocupação séria. Paralelamente, no mesmo nível de importância, há as questões didáticas: Como alfabetizar? Como selecionar, organizar e transmitir os conteúdos?

As teorias educacionais e os métodos de alfabetização, ensinados nos cursos normais e nas faculdades de educação, nem sempre respondem – nem se propõem a responder – às questões cruciais da prática. O senso comum das professoras e a necessidade imediata de resolver os problemas do cotidiano levam-nas a desconfiar da palavra dos teóricos e a valorizar a experiência de ensino. Mas quem ainda não a tem, faz o quê?

A partir da década de 1980, a divulgação do construtivismo tem ocupado lugar de destaque nos cursos de formação inicial e continuada, e a questão metodológica, a meu ver, tem sido erradamente relegada a segundo plano.

Baseados no construtivismo de Jean Piaget, Emilia Ferreiro e seus colaboradores (1985; 1986a; 1986b; 1987; 1992) forneceram uma excelente base teórica para a compreensão da maneira pela qual as crianças aprendem a língua escrita (psicogênese da língua escrita), mas de fato não propuseram quaisquer recomendações metodológicas, deixando esse assunto a cargo da didática da alfabetização. Desse modo, os professores tiveram que se familiarizar com os fundamentos teóricos do construtivismo e ao mesmo tempo tentar torná-los vivos e úteis para a prática. Muitos estão perplexos diante desse desafio, pois o conhecimento do construtivismo, como teoria, exige tempo de estudo, aprofundamento e reflexão, condições que faltam à maioria dos professores. Quanto à transposição do construtivismo para a prática da sala de aula, tem sido geralmente limitada a três ou quatro pontos: trabalhar com os nomes das crianças, ensinar o alfabeto associado a esses nomes, ser mais tolerante com os erros dos aprendizes e classificar as crianças em fases: silábica, silábico-alfabética ou alfabética. Isso é pouco para dar conta da tarefa da alfabetização.

Claro que a metodologia não é mais a questão central ou a mais importante na área da alfabetização, mas quem se propõe a alfabetizar, baseado ou não no construtivismo, deve ter um conhecimento básico sobre os princípios teórico-metodológicos da alfabetização, para não ter que inventar a roda. Já não se espera que um método milagroso seja plenamente eficaz para todos. Tal receita não existe. A maioria das professoras experientes cria seu próprio caminho: a partir de um método tradicional, adapta, cria recursos e inova a prática. Há lugar para invenção e a criatividade, pois não são apenas as crianças que constroem conhecimento.

Destaco a importância do domínio da prática, por meio da qual as professoras modificam, enriquecem o que aprenderam no estudo teórico, valendo-se da experiência e da observação. Dentro dessa perspectiva é que passo em revista os métodos de alfabetização.

## A querela dos métodos

Durante décadas, discutiu-se que métodos seriam mais eficientes: se os *sintéticos* (que partem da letra, da relação letra-som, ou da sílaba, para chegar à palavra), ou os *analíticos*, também chamados *globais* (que têm como ponto de partida unidades maiores da língua, como o conto, a oração ou a frase).

A chamada *querela dos métodos* (BRASLAVSKY, 1971) ainda permanecia acesa nos anos de 1950 e 1960, alimentada principalmente pelos resultados de pesquisas norte-americanas. Contrariando as opiniões prevalecentes nos meios educacionais mais avançados, Flesch (1955) sustentou que o método fônico – que se enquadra na categoria dos sintéticos – era o melhor para ensinar a ler, enquanto os analíticos ou globais eram responsáveis pelo fracasso maciço, em leitura e escrita, das crianças norte-americanas. Chall (1967), autora de um dos estudos comparativos mais extensos sobre resultados dos métodos no período 1910-1965, também tomou posição a favor dos métodos fônicos, sustentando que eles proporcionavam melhores resultados com crianças das famílias pobres.

Numa via alternativa, evoluíram e ganharam legitimidade outras propostas, chamadas *ecléticas* ou *mistas* (BRASLAVSKY, 1971). São os chamados *métodos analítico-sintéticos*, que tentam combinar aspectos de ambas as abordagens teóricas, ou seja, enfatizar a compreensão do texto desde a alfabetização inicial, como é próprio dos métodos analíticos ou globais, e paralelamente identificar os fonemas e explicitar sistematicamente as relações entre letras e sons, como ocorre nos métodos fônicos.

Em síntese, as matrizes metodológicas sintáticas são soletração, silabação e métodos fônicos. Palavração, sentenciação e métodos de contos pertencem à categoria dos métodos analíticos.

Ao longo do tempo, foram sendo criadas centenas de variações em torno de métodos tradicionais. Autores propõem que as letras, ou os sons que as letras representam, sejam associados a personagens de histórias, a cores, a desenhos, a gestos ou a canções. Cartilhas e pré-livros a cada ano lançam inovações em matéria de histórias, personagens, vocabulário e exercícios.

Muitos desses métodos foram experimentados, em diferentes contextos, com resultados diversos. Segundo Smith (1999), estudioso da leitura a partir da perspectiva psicolinguística, todos os métodos, por mais estapafúrdios que pareçam, dão certo com algumas crianças, mas nenhum deles é eficaz com todas. Para o autor, as condições básicas para aprender a ler são: "1) a disponibilidade de material interessante que faça sentido para o aluno; 2) a orientação de um leitor mais experiente e compreensivo como um guia" (SMITH, 1999, p. 12). Proponho que a professora assuma esse papel de guia esclarecido, cabendo-lhe a prerrogativa da escolha do método.

### O que é importante na escolha do método?

No Brasil, Soares (1991) demonstrou que, nas décadas de 1970 e 1980, a produção de conhecimento teórico-prático relativo às metodologias foi decrescendo paulatinamente, embora fossem produzidos alguns trabalhos sobre propostas didáticas alternativas. Segundo Borges (1998), há duas explicações plausíveis para o desinteresse científico em relação às metodologias: de um lado, os métodos tradicionais (fossem analíticos ou sintéticos) não deram conta de alfabetizar os grandes contingentes de alunos que acorriam às escolas; por outro, a intensa divulgação e o elevado prestígio acadêmico das ideias de Emilia Ferreiro fizeram com que o interesse sobre *como o professor ensina* se deslocasse para a questão *como a criança aprende*, o que gerou mudanças importantes nos paradigmas de pesquisa e nos temas tratados pelos teóricos.

Assim, a pesquisa e as publicações sobre métodos foram relegadas a segundo plano, tornando-se praticamente ausentes da produção acadêmica dos anos de 1990.

Nas condições concretas da escola brasileira, quando uma professora vai escolher um método, proponho que busque responder às seguintes questões:

• Em primeiro lugar, qual é a concepção de leitura e de leitor que sustenta o método? Estão combinados os objetivos de alfabetizar e letrar, isto é, a preocupação em ensinar o código alfabético é tão presente quanto o objetivo de desenvolver a compreensão da leitura? São previstas maneiras de sistematizar os conhecimentos sobre as relações entre letras e sons? Há interesse em motivar os aprendizes para gostar de ler?

• A fundamentação teórica do método é conhecida e faz sentido?

• As etapas ou procedimentos de aplicação são coerentes com os fundamentos do método?

• O material didático é acessível, simples e de baixo custo?

• Há evidências de que o método foi experimentado com êxito em um número significativo de turmas, em contextos escolares diferentes?

• O que dizem professores e pesquisadores sobre a aplicação e os resultados?

Se forem satisfatórias as respostas que encontrar, há possibilidade de que o método escolhido (se bem aplicado) proporcione bons resultados.

## Referências bibliográficas

BORGES, Teresa Maria Machado. *Ensinando a ler sem silabar* – Alternativas metodológicas. Campinas: Pairos, 1998.

BRASLAVSKY, Berta P. de. *Problemas e métodos no ensino da leitura*. São Paulo: Melhoramentos/Edusp, 1971.

CARVALHO, Marlene. *Três campanhas de educação de base no Brasil no período 1947-1963*. Rio de Janeiro: UFRJ/Faculdade de Educação, 1977 [Dissertação de mestrado].

_____. *L'apprentissage de la lecture en classe d'alphabétisation à Rio de Janeiro*. Liège: Université de Liège, 1987 [Tese de doutorado].

CHALL, Jeanne S. *Learning to read: the great debate*. New York: McGraw Hill, 1967.

DOLTO, Françoise. *Auto-retrato de uma psicanalista: 1934-1988*. Rio de Janeiro: Zahar, 1990.

FERREIRO, Emilia. *Alfabetização em processo*. São Paulo: Cortez, 1986a.

_____. *Reflexões sobre alfabetização*. São Paulo: Cortez, 1986b.

_____. *Com todas as letras*. São Paulo: Cortez, 1992.

FERREIRO, Emilia & PALACIO, Margarita Gomes. *Os processos de leitura e escrita: novas perspectivas*. Porto Alegre: Artes Médicas, 1987.

FERREIRO, Emilia & TEBEROSKY, Ana. *Psicogênese da língua escrita*. Porto Alegre: Artes Médicas, 1985.

FLESCH, Rudolf. *Why Johnny can't read and what you can do about it?* New York: Harpers & Brothers, 1955.

FONSECA, Anita. *O livro de Lili*. 2. ed. Rio de Janeiro: Francisco Alves, 1942.

RAMOS, Graciliano. *Infância*. 3. ed. Rio de Janeiro: José Olympio, 1953.

SMITH, Frank. *Leitura significativa*. Porto Alegre: ArtMed, 1999.

SOARES, Magda. *Alfabetização no Brasil: o estado do conhecimento*. Brasília: Inep/Reduc, 1991.

# 2
# Métodos sintéticos: da soletração à consciência fonológica

**Juntando as letras: soletração**

> *Quanto daria por um daqueles duros bancos onde me sentava, nas mãos a Carta do ABC, a cartilha de soletrar, separar vogais e consoantes. Repassar folha por folha, gaguejando as lições num aprendizado demorado e tardio. Afinal vencer e mudar de livro* (Cora Coralina)[3].

A carta do ABC em que Cora Coralina aprendeu a ler, no começo do século XX, ainda faz parte das lembranças de infância de muitos professores atualmente em exercício, como se pode ver em depoimentos recolhidos por mim em Rio Branco, capital do Acre, em 1996:

> Comecei a aprender a ler com a carta do ABC, a professora marcava uma lição e mandava que eu fosse lendo. Depois, como era costume, vinha tomar a lição, o que não era fácil, principalmente porque usava um pedaço de papel com um buraquinho, no qual aparecia apenas uma letra. Ainda por cima, não seguia uma sequência, fazia o que se chamava de leitura de saltitar, ou seja, mudava de uma letra para outra.

> Iniciei minhas primeiras leituras aos sete anos, usando uma carta do ABC. O resultado não foi muito satisfatório porque repeti duas vezes. Era uma verdadeira tortura. A professora pegava um pedaço de papel, rasgava do tamanho das letras, colocava em cima da página e mandava ler. O pior é que havia letras manuscritas, de imprensa, maiúsculas e minúsculas, uma salada de letras.

---

**3.** Excerto do poema *Voltei* de Cora Coralina (2001), poeta goiana, nascida em 1889.

> Entrei na escola com 7 anos, comecei decorando o alfabeto em uma cartilha chamada "Carta do ABC", no primeiro ano fraco. Quando comecei a juntar as sílabas, já estava no primeiro ano médio. Só comecei a ler alguma coisa que não fosse da cartilha, já estava com dez anos, no segundo ano primário.

> Aprendi a ler com meus pais, no seringal, não tinha escola, então meus pais compraram uma cartilha. Eu tinha que decorar as letras e depois era tomada a lição com um papel em cima da página, só um buraquinho para ver a letra. Depois de decorar as letras, começava a juntá-las, a soletrar.

Método característico de um tempo em que a maior parte da população era analfabeta e eram poucas as exigências sociais em termos de leitura, a soletração não buscava dirigir a atenção do aprendiz para os significados do texto, muito menos formar leitores, pois só trabalhava com palavras soltas. Como disse Cora Coralina, a verdadeira leitura ficava para depois de "afinal vencer e mudar de livro".

Há indícios de que o método continua em uso no início do século XXI, pois o livreto *Método ABC: Ensino prático para aprender a ler* (sem indicação de autor ou data) ainda pode ser encontrado em papelarias do interior do Brasil.

O livrinho apresenta primeiro os alfabetos de letras maiúsculas e minúsculas de imprensa e de letras cursivas. Seguem-se nove "cartas do ABC", ou seja, listas compostas de sílabas de diferentes padrões silábicos. A ideia é ensinar os três tipos mais comuns de sílabas existentes em Português, como consoante-vogal (ba, na, ma), vogal-consoante (al, ar, an), consoante-consoante-vogal (fla, bla, tra). A oitava carta tem palavras compostas de três letras, a nona tem dissílabos. Na última página, sob o título *Exercício*, há uma lista de palavras por ordem alfabética: baba, bebe, bife, bolo etc.

O objetivo maior da soletração é ensinar a combinatória de letras e sons. A leitura propriamente dita fica para uma segunda etapa. Partindo de unidades simples, as letras, o professor tenta mostrar que essas quando se juntam representam sons, as sílabas, que por sua vez formam palavras. Nem sempre o mecanismo é claro para o aprendiz. Uma queixa comum de alunos que não conseguem se alfabetizar pela soletração é: *Eu conheço as letras, mas não sei juntar.*

O método baseia-se na associação de estímulos visuais e auditivos, valendo-se apenas da memorização como recurso didático – o nome da letra é associado à forma visual, as sílabas são aprendidas de cor e com elas se formam palavras isoladas. Não se dá atenção ao significado, pois as palavras são trabalhadas fora do contexto. Trata-se de processo árido, com poucas possibilidades de despertar o interesse para a leitura, que pressupõe uma separação radical entre alfabetização e letramento.

## Ba-be-bi-bo-bu: silabação

A propósito da silabação, lembro-me de uma história que ouvi em Brasília, nos anos de 1990, num seminário sobre alfabetização. Uma professora recém-formada foi trabalhar numa escolinha rural, multisseriada, uma classe única de alunos analfabetos e alfabetizados. Um pouco insegura, cuidou primeiro dos que sabiam ler. Uma semana depois, um dos meninos que tinham sido deixados de lado, analfabeto aos doze anos, chegou-se a ela e perguntou:

– *Você não vai ensinar a ler?*

– *Vou, sim*, disse a professora, constrangida.

– *Você não sabe ensinar a ler?*

– *Sei, é claro! Eu sou professora, viu?*

Não convencido, o menino abriu a cartilha na página da letra *p* e disse:

– *Está vendo aqui o desenho do pato? Você lê: pato. Depois conta a historinha do pato ou canta a musiquinha do pato. Depois lê assim: pa, pe, pi, po, pu (apontava as sílabas); depois lê aqui: ta, te, ti, to, tu. Só isso, é fácil...*

Em resumo, o garoto, tantas vezes submetido ao mesmo método, continuava analfabeto mas achava que sabia ensinar a ler!

Embora pareça anacrônico, o método sintético de silabação ainda continua em uso tanto nas cidades quanto no interior, talvez porque do ponto de vista do adulto pareça fácil de aplicar. No entanto, nem todos os alunos, sejam jovens ou crianças, se mostram capazes de entender o mecanismo da combinatória das sílabas. A meu ver, o método tem os mesmos defeitos da soletração: ênfase excessiva nos mecanismos de codificação e decodificação, apelo excessivo à memória e não à compreensão, pouca capacidade de motivar os alunos para a leitura e a escrita.

No prólogo da sua popular *Cartilha da infância*, Galhardo (1979) condenava firmemente a soletração e defendia a *silabação* como método eficiente, *próprio para ensinar a ler bem, no menor espaço de tempo possível*. No entanto, comparando-se a Carta do ABC e a Cartilha da Infância, parece haver pouca diferença entre os dois métodos. A principal é que na primeira não aparecem frases, só palavras, mas o mecanismo de ensino da leitura é o mesmo.

Depois de mostrar as vogais e os ditongos, a Cartilha da Infância apresenta as sílabas va-ve-vi-vo-vu, embaralhando-as nas duas linhas seguintes (ve-va-vo-vu-vi etc.). Seguem-se palavras formadas de três letras (vai, viu, vou) e finalmente onze vocábulos contendo as sílabas estudadas. Cada lição se completa com algumas frases sem ligação entre si, escritas sem a maiúscula na palavra inicial e sem pontuação: "vo-vó viu a a-ve", "a a-ve vi-ve e vo-a", "vo-vô vê o o-vo" e outras do gênero.

Esse modelo se repete nas 32 lições da cartilha, que já alcançou cerca de trezentas edições.

À época do lançamento, o autor da cartilha dava especial relevo ao fato de apresentar as sílabas salteadas. Afirmava ele: "Apresentamos salteadas todas as sílabas para evitar a decoração inconsciente, que consegue idiotizar meninos inteligentes e ativos. É a indecoração constante" (Galhardo, 1979, p. 8).

A ordem de apresentação dos conteúdos proposta pelo autor é ainda hoje largamente seguida em muitos manuais: primeiro, as cinco letras que representam as vogais, depois os ditongos, em seguida as sílabas formadas com as letras v, p, b, f, d, t, l, j, m, n[4]. As chamadas *dificuldades ortográficas* aparecem do meio para o fim da cartilha, incluindo os dígrafos, as sílabas travadas (terminadas por consoantes), as letras g, c, z, s e x.

Tal como acontece com a soletração, o método silábico separa decididamente os processos de alfabetização e letramento assumindo o pressuposto, do qual discordo, que a compreensão da leitura vem depois da aprendizagem do processo de decodificação.

Para o menino analfabeto de 12 anos não seria preferível aprender a ler com algo mais interessante que a lição do pato?

**Métodos fônicos**

Ao aplicar métodos fônicos, o professor dirige a atenção da criança para a dimensão sonora da língua, isto é, para o fato de que as palavras, além de terem um ou mais significados, são formadas por sons, denominados fonemas. Fonemas são unidades mínimas de sons da fala, representados na escrita pelas letras do alfabeto.

Ensina-se o aluno a produzir oralmente os sons representados pelas letras e a uni-los (ou melhor dizendo, fundi-los) para formar as palavras. Parte-se de palavras curtas, formadas por apenas dois sons representados por duas letras, para depois estudar palavras de três letras ou mais. A ênfase é ensinar a decodificar os sons da língua, na leitura, e a codificá-los, na escrita.

Alguns métodos adiam o ensino dos nomes das letras até que o aprendiz tenha dominado as relações letras-fonemas (relações grafofônicas). O objetivo desse adiamento é evitar que o aluno focalize o nome da letra quando de-

---

**4.** As letras v, p, b, f, d, t são aquelas cujo som é sempre o mesmo, qualquer que seja a posição que ocupem na palavra, por isso são as primeiras a serem apresentadas. Já as três letras que se seguem – l, m, n – podem representar mais de um som, conforme estejam localizadas no início ou no fim da sílaba; quanto ao j, o som que ele representa pode, em certos casos, ser escrito com ge ou gi.

veria concentrar-se no respectivo som. Alguns lançam mão de elementos lúdicos – jogos, dramatizações, teatro de fantoches, canções, desenho etc. – para tornar atraente a memorização de sons e letras.

No livro em que compara métodos de alfabetização, Rizzo (1977) afirma que o método fônico sofreu "uma acentuada evolução" em virtude dos avanços da Psicologia e da Linguística, tornando-se cada vez mais próximo de um processo analítico-sintético. Segundo a autora, houve uma preocupação com a compreensão do sentido da leitura, o que resultou na tendência para introduzir frases em lugar de apresentar à criança apenas palavras isoladas. Assim, na atualidade, métodos fônicos tendem a ser classificados como *mistos*.

> Atualmente, os métodos fônicos tendem a apresentar pequenas frases, a partir da 2ª ou 3ª folha, para que os alunos desenvolvam gradativamente habilidades de leitura mais complexas. Este recurso visa a habituar o aluno a extrair o conteúdo significativo da palavra lida, e superar uma deficiência ainda comum no método (RIZZO, 1977, p. 13).

Examinemos a seguir as propostas de dois métodos fônicos bastante conhecidos: *A abelhinha* (SILVA et al. 14. ed., s.d.) e *A casinha feliz* (MEIRELES & MEIRELES, 1984).

## Método da Abelhinha

Alzira S. Brasil da Silva, Lúcia Marques Pinheiro e Risoleta Ferreira Cardoso, educadoras com ampla experiência de ensino e de pesquisa, criaram o método que foi experimentado na Escola Guatemala, na cidade do Rio de Janeiro, em 1965. Essa escola, criada por Anísio Teixeira, era um centro de referência para inovações pedagógicas e recebia apoio do Instituto Nacional de Pesquisas Educacionais (Inep).

Na década de 1970, o método já era largamente empregado em escolas públicas do Rio de Janeiro com resultados muito satisfatórios: 80 a 95% de alunos aprovados em escolas de população desfavorecida e taxas mais elevadas em escolas de classe média (SILVA et al., s.d., p. 9).

As autoras o apresentam como *método misto do tipo fonético*. Nos anos de 1980 e 1990, continuava a ser aplicado, embora por um número menor de professoras (CARVALHO, 1987; 2001).

> O Método Misto parte do moderno conceito de leitura como atividade que visa a decodificar, isto é, aplicar um código para descobrir o sentido do que está escrito – a mensagem. A escrita corresponde a codificar, isto é, por uma mensagem em código. De início, procura dar à criança essas noções, bem como a compreensão do mecanismo da leitura e da escrita e da importância de buscar o sentido do que se lê (SILVA et al., s.d., p. 7).

O Método da Abelhinha apresenta uma série de histórias cujos personagens estão associados a letras e sons.

> Os sons são apresentados como "barulhos" que ocorrem, o mesmo acontecendo com a reunião de dois sons em sílabas. Da reunião de dois sons, a criança passa a três, e vai lendo palavras cada vez mais extensas; depois expressões, sentenças e historinhas (SILVA et al., s.d., p. 7).

Duas recomendações das autoras: não dizer o nome das letras, "pois seria cair na soletração", e "não fazer a união dos fonemas com todas as vogais", pois seria a silabação, prejudicando a leitura mais tarde (SILVA et al., s.d., p. 23).

Durante a fase denominada "Início da alfabetização", a criança apenas "une sons", o que corresponde à etapa de síntese. Na fase seguinte, "Completando a alfabetização", ela passa à análise, isto é, separa os sons nas palavras. Assim, afirmam as autoras, "as atividades conhecidas como de análise e síntese – geralmente enfrentadas juntas – no Método Misto são vencidas separadamente" (SILVA et al., s.d., p. 7).

A personagem abelhinha, que dá nome ao método, tem o corpo em forma de um a (em letra cursiva) e apresenta o som aaaaaa (a vogal é prolongada para facilitar o reconhecimento); a letra i é representada pelo tronco de um índio, outro personagem de histórias, e assim por diante. Os personagens são desenhados para sugerir o todo ou partes das formas estilizadas das letras. Há portanto uma associação de três elementos: personagem – forma da letra – som da letra (fonema). A alfabetização se faz por síntese ou fusão dos sons para formar a palavra.

A emissão correta e a habilidade para distinguir sons parecidos são preocupações das autoras, que recomendam:

> Use recursos para levar as crianças a distinguirem sons parecidos: observar o movimento dos lábios e da língua para pronunciar esses sons; emiti-los isolados ou em palavras por eles iniciadas. Observe que o t parece estalar; o p lembra a pipa batendo na árvore (pam); o b é o barulhinho da água quando ferve (SILVA et al., s.d., p. 33).

Conforme relatou Alzira Brasil da Silva[5], a intenção das autoras era fazer um método simples, eficiente, de baixo custo, que não necessitasse de cartilha: as próprias crianças deveriam preparar parte do material didático. A primeira edição do livro com os fundamentos do método apareceu em 1969, pela Cia. Editora Nacional; mais tarde, por interesse da editora, foi lançada uma cartilha muito bem ilustrada, que acompanhava a narração da história. Esta cartilha não se revelou rentável, do ponto de vista comercial, e deixou de ser editada.

---

**5.** Entrevista concedida pela autora por telefone.

## A casinha feliz

Criado pela pedagoga Iracema Meireles (MEIRELES, 1984), na década de '50, o método tem uma longa trajetória de aplicação em escolas públicas e particulares e ainda está em uso, no Rio de Janeiro e em outras localidades.

Iracema Meireles acreditava na aprendizagem por meio do jogo, propondo que a sala de aula fosse um espaço para a criatividade e a livre expressão das crianças. Fundou uma escola particular a que chamou Escola de Brinquedo e ali usava um teatrinho de bonecos para alfabetizar tendo como método a *sentenciação* (ensino por meio de frases ou sentenças). Nessa época, começou a "personalizar as letras" e associá-las a figuras do universo infantil (MEIRELES & ELOÍSA, 2000).

Iracema Meireles disse que ocorreu uma mudança importante quando:

> [...] observando as turmas que se alfabetizavam, notou que as crianças adoravam as histórias e as letras/personagens, e esqueciam frases e palavras se ficavam alguns dias sem vê-las. Passou a contar as histórias em função de apresentar as letras. Foi uma ousadia para a época (MEIRELES & ELOÍSA, 2000, p. 28).

Buscava facilitar a aprendizagem de novas combinações de letras, mas recusava as estratégias de memorização próprias da soletração e silabação. Decidiu então apresentar as letras como personagens de uma história: papai (p), mamãe (m), neném (n) e ratinho (r). O recurso didático agradava mas não funcionava plenamente porque as crianças continuavam a decorar as combinações de consoantes com vogais, como se faz na soletração (MEIRELES & ELOÍSA, 2000). Apostando nos elementos lúdicos – o teatro de fantoches – Iracema Meireles transformou as vogais ("os cinco amiguinhos") em personagens privilegiados, fantoches que se "encostavam" nas consoantes, como se materializassem a fusão dos sons (das vogais com as consoantes). Era essa a base do método: associar a forma da letra a um personagem o qual, por sua vez, representava determinado som.

Segundo Iracema Meireles, a história central de *A casinha feliz* (1999) pode ser "modificada à vontade e até substituída".

> O essencial é que conduza à figura-fonema capaz de fazer sempre, se for consoante, o imprescindível barulhinho. Tudo mais é jogo, é dramatização, atividade criadora (MEIRELES, 2000, p. 34).

Na década de 1960, o método foi experimentado numa escola pública do Rio de Janeiro, experiência bem-sucedida, acompanhada por uma delegação do MEC. A avaliação positiva fez com que *A casinha feliz* fosse introduzida no Centro Educacional Carneiro Ribeiro (Escola Parque da Bahia), criado por Anísio Teixeira, onde se experimentava também o método de contos.

## Cuidados a considerar na aplicação dos métodos fônicos

Os dois métodos fônicos aqui apresentados, à guisa de exemplos, propõem associações visuais e auditivas com a forma e os sons das letras e têm o mérito de recomendar a utilização de histórias e recursos expressivos de voz, gesticulação, desenho, teatro etc. para despertar o interesse infantil. Ambos giram em torno de histórias contadas oralmente, e o material escrito é rigorosamente controlado para apresentar apenas as palavras cuja decodificação já foi, ou está sendo, ensinada.

Um aspecto discutível dos métodos é que as histórias dos manuais, criadas com o objetivo de apresentar as relações letra-som numa determinada sequência, são muito artificiais. É preciso professoras experientes, com bons recursos narrativos, para darem vida a histórias didáticas, em que os sons ora são associados à forma das letras, ora aos nomes dos personagens, ora a um "barulhinho" produzido por eles.

Na aplicação dos métodos fônicos, a maior dificuldade técnica é tentar articular os sons das consoantes isoladas, pois de fato elas só ganham sons quando estão acompanhadas de uma vogal. Existem algumas consoantes, como o /f/ e o /v/, que podem ser prolongadas com certa facilidade, dando a impressão que se fundem com as vogais que as acompanham. Mas não é o caso da maioria das outras que só são ouvidas claramente quando acompanhadas das vogais.

Um cuidado que deve ser observado na aplicação dos métodos fônicos decorre da própria natureza do Português, língua alfabética na qual uma letra pode representar diferentes sons conforme a posição que ocupa na palavra, assim como um som pode ser representado por mais de uma letra, segundo a posição. Assim, não basta ensinar o som da letra em posição inicial da palavra, mas é preciso mostrar os sons que as letras têm em posição inicial, medial (no meio) ou final da sílaba.

## Consciência fonológica

O papel da consciência fonológica no processo da alfabetização (CARDOSO-MARTINS, 1995) tem sido enfatizado por pesquisadores de Linguística aplicada à alfabetização, razão pela qual as estratégias didáticas dos métodos fônicos estão sendo redescobertas e valorizadas, ainda que não nos mesmos moldes dos anos 1950.

A consciência fonológica foi definida por Rivière (2001, p. 124) como *a capacidade de distinguir e manipular os sons constitutivos da língua. A consciência fonológica existe, de maneira mais ou menos grosseira, antes do aprendizado da leitura e se reforça ao longo dos diferentes tempos desta aquisição*[6]. Não é uma capacidade plenamente desenvolvida em todas as crianças, sejam elas da pré-escola, ou mais velhas: em geral, encaram as palavras

---

**6.** Tradução minha do original em francês.

como unidades de significado e precisam ser orientadas, ao longo do processo de alfabetização, para perceber que as palavras têm também uma dimensão sonora, isto é, são formadas por sílabas e fonemas.

Métodos fônicos têm a ver com consciência fonológica porque ressaltam a dimensão sonora da língua, e a capacidade do leitor para decompor os sons que formam as palavras, representados na escrita pelas letras. Enfatizam a decodificação e a aprendizagem do código alfabético, isto é, das relações entre letras e sons. Partem de palavras curtas e simples e, ao contrário dos métodos globais, recomendam o controle sistemático das palavras ensinadas e aprendidas. Os professores que os aplicam podem usar ou não cartilhas, mas ensinam os fonemas e as letras que os representam numa ordem prefixada. Em princípio, estão mais voltados para a alfabetização que para o letramento.

Em síntese, a consciência fonológica consiste na capacidade para focalizar os sons da fala, independentemente do sentido. Pode ser desenvolvida por meio de exercícios, produzindo um impacto positivo na aprendizagem da leitura e da escrita das línguas que utilizam a ortografia alfabética, como o Português (CARDOSO-MARTINS, 1995). Para reconhecer o grau de consciência fonológica da criança alguns indicadores são a habilidade de identificar o número de sílabas das palavras e de reconhecer rimas e aliterações (sílabas que se repetem no início de uma série de palavras).

A consciência fonêmica é um aspecto particular da consciência fonológica: consiste na habilidade de perceber as unidades mínimas da fala, ou seja, os fonemas. Cada palavra falada é formada por uma série de fonemas, representados na escrita pelas letras do alfabeto, e a percepção destes é desenvolvida no processo de alfabetização.

Quanto à revalorização dos métodos fônicos, estamos vivendo no Brasil um momento de discussão pública sobre políticas de alfabetização, que inclui o questionamento das estratégias dos métodos globais, preferidas pelos que adotam o construtivismo como opção teórica. A Câmara dos Deputados organizou um grupo de trabalho, encarregado de apresentar um relatório sobre alfabetização infantil[7] (Comissão de Educação e Cultura, 2003). Nesse documento, a questão metodológica é abordada em detalhe, reacendendo a antiga polêmica entre métodos globais e métodos fônicos.

Os autores (CARDOSO-MARTINS et al.) do relatório argumentam que:

---

7. O relatório descreve as políticas de alfabetização na Inglaterra, França e Estados Unidos da América do Norte, salientando que o ensino das relações entre sons e letras, o desenvolvimento da consciência fonológica e fonêmica são ali considerados importantes, e que os métodos globais foram colocados sob suspeição. Por outro lado, fica claro que o esforço desenvolvido por esses países para melhorar os resultados em alfabetização e leitura envolve não apenas a revisão metodológica, mas sim amplos programas de formação de professores, desenvolvimento de materiais didáticos, supervisão pedagógica, acompanhamento de crianças em dificuldade etc. Trata-se de uma política avançada de alfabetização e não apenas da substituição de métodos globais pelos fônicos.

A ênfase da alfabetização reside na decodificação, portanto é essencial a escolha de métodos eficazes para ensinar o aluno a decodificar. Os métodos fônicos se mostram superiores aos demais. A instrução em fônica [sic] deve ser sistemática, e não incidental. O ensino da decodificação deve se dar no contexto de leituras que o aluno possa decodificar e, portanto, requer textos adequados para esse fim. O ensino de palavras frequentes pode ajudar o aluno a ler textos sintaticamente mais complexos (COMISSÃO DE EDUCAÇÃO E CULTURA, 2003, p. 68).

Bajard (2002) discute a eficácia dos métodos fônicos, afirmando que embora numerosas pesquisas mostrem uma correlação entre desempenho em leitura e a capacidade para identificar as unidades sonoras da fala, *correlação não é razão*, e não prova que é preciso passar pela decifração para ter acesso à escrita. Segundo o autor, é possível que a consciência fonológica seja, na verdade, fruto do acesso à escrita, e não o contrário. Citando Olson, Bajard (2002, p. 110) declara que "[...] a consciência da estrutura linguística é produto do sistema de escrita e não uma pré-condição para o seu desenvolvimento".

As implicações pedagógicas do relatório são que se deveria ensinar às crianças a dominar as relações letra-som, ou seja, o código alfabético, de maneira estruturada e sistemática, controlando as aquisições dos alunos (as palavras conhecidas) e utilizando textos ou manuais (cartilhas) expressamente preparados para ensinar a ler. Há, no entanto, uma abertura para outros caminhos metodológicos, ou seja, uma tendência para aplicação de métodos mistos, quando os autores admitem que

> o ensino de decodificação não esgota os objetivos de um programa de alfabetização. Diferentes objetivos requerem diferentes tipos de material de leitura e o uso de diferentes técnicas e métodos para promover a fluência, vocabulário, compreensão e articulação com a escrita (COMISSÃO DE EDUCAÇÃO E CULTURA, 2003, p. 68).

A propósito desse relatório, argumento que a aplicação generalizada de métodos fônicos em todas as escolas do Brasil não apenas seria impraticável (quem controlaria tal campanha?), mas provavelmente traria resultados muito desiguais, dependendo do preparo prévio dos professores e do seu grau de adesão a essa proposta. Defendo, antes de tudo, que ao professor seja dado o direito de escolher o método que considere plausível e adequado aos alunos que tem diante de si.

A par disso, minha posição pessoal é que um treinamento para estabelecer ou desenvolver a consciência fonológica é parte necessária, mas não suficiente, do processo de alfabetização. Sempre considerei útil que os professores alfabetizadores realizassem atividades de reconhecimento de rimas, formação de palavras que começam com a mesma sílaba, supressão de sílabas e outras (CARVALHO, 1994). No entanto, argumento que uma estratégia puramente fonológica não basta para o desenvolvimento pleno da leitura e da escrita. Como o citado relatório admite, a aprendizagem da leitura e da escrita é bastante complexa e exige habilidades outras que reconhecer os fonemas e saber as correspondências entre letras e sons. Daí a necessidade de alternar atividades de decodificação de sílabas e de palavras simples com atividades de leitura de textos naturais para que a criança desenvolva conhecimentos de sintaxe, de vocabulário, e alcance familiaridade com diversos tipos de textos, cada qual com regras próprias de organização.

**Referências bibliográficas**

BAJARD, Élie. *Caminhos da escrita:* espaços de aprendizagem. São Paulo: Cortez, 2002.

CARDOSO-MARTINS, Cláudia (org.). *Consciência fonológica e alfabetização*. Petrópolis: Vozes, 1995.

CARVALHO, Marlene. *L'apprentissage de la lecture en classe d'alphabétisation à Rio de Janeiro*. Liège: Université de Liège, 1987 [Tese de doutorado].

_____. *Guia prático do alfabetizador*. São Paulo: Ática, 1994.

_____. Revisitando as metodologias de alfabetização – Professoras falam sobre suas práticas. *Educação e Trabalho*, vol. 6, n. 1, mar.-ago./2001. Juiz de Fora: UFJF.

COMISSÃO DE EDUCAÇÃO E CULTURA/Câmara dos Deputados/Grupo de trabalho. *Alfabetização infantil:* os novos caminhos. Relatório final, 15/09/2003. Brasília.

CORALINA, Cora. *Vintém de cobre* – Meias confissões de Aninha. 7. ed. São Paulo: Global, 2001.

GALHARDO, Thomaz. *Cartilha da infância*. 226. ed. Rio de Janeiro: Francisco Alves, 1979.

MEIRELES, Eloísa. *A formação de alfabetizadores pelo Método Iracema Meireles*. Rio de Janeiro: Primeira Impressão, 2000.

MEIRELES, Iracema & MEIRELES, Eloísa. *A casinha feliz* – Cartilha pela fonação condicionada e repetida e Livro de leitura. 20. ed. Rio de Janeiro: Record, 1984.

_____. *A casinha feliz* – Livro do professor. Rio de Janeiro: Primeira Impressão, 1999.

RIVIÈRE, Jean-Philippe. *Illettrisme* – La France cachée. Paris: Gallimard, 2001.

RIZZO, Gilda. *Os diversos métodos de ensino da leitura e da escrita* – Estudo comparativo. Rio de Janeiro: Papelaria América, 1977.

SILVA, Almira S. Brasil da et al. *Método misto de alfabetização* – Guia de aplicação. São Paulo: Companhia Editora Nacional, s.d.

# 3
# Métodos globais: aprender a ler a partir de histórias ou orações

A Escola Nova, movimento educacional renovador iniciado no final do século XIX, difundiu-se pela Europa e Estados Unidos da América do Norte ao longo do século XX e inspirou transformações importantes na teoria e na prática educacionais. Na década de 1920, a Escola Nova chegou ao Brasil, pelas mãos de Anísio Teixeira, Carneiro Leão, Fernando de Azevedo, Lourenço Filho e outros importantes educadores que estiveram à frente de reformas educacionais em vários estados.

*Conhecer e respeitar as necessidades e interesses da criança; partir da realidade do aluno e estabelecer relações entre a escola e a vida social* são diretrizes do pensamento escolanovista. Métodos ativos – *aprender fazendo* –, liberdade para criar e participação da criança no planejamento do ensino são algumas das estratégias recomendadas.

A Escola Nova, que valorizava a leitura, as bibliotecas e o gosto pelos livros, trouxe uma inovação importante para os alfabetizadores: a defesa dos métodos globais. A fundamentação teórica desses métodos é a psicologia da Gestalt ou psicologia da forma: a crença segundo a qual a criança tem uma *visão sincrética (ou globalizada)* da realidade, ou seja, tende a perceber o todo, o conjunto, antes de captar os detalhes.

Edouard Claparède e Ovide Decroly, psicólogos e educadores europeus, apoiaram-se na psicologia da forma para defender inovações na prática educacional. Decroly propôs ensinar a ler com textos naturais, frases ligadas ao contexto da criança, ou mesmo palavras significativas. Enfatizava a compreensão do significado desde a etapa inicial da alfabetização, e não a capacidade de decodificar ou de dizer o texto em voz alta. Considerava que os métodos tradicionais de soletração e silabação contrariavam a função de globalização característica da mente infantil.

As ideias de Decroly (1929), Claparède (1946; 1947) e outros escolanovistas forneceram a base teórica que deu origem a uma grande variedade de métodos globais experimentados em diferentes países, com resultados heterogêneos. Sua aplicação exigiu dos professores uma mudança radical: ao contrário dos métodos sintéticos, a alfabetização deveria começar por unidades amplas como histórias ou frases para chegar em nível de letra e de som, mas sem perder de vista o texto original e seu significado. A polêmica entre defensores dos dois tipos de métodos gerou uma vasta literatura e se tornou conhecida como a "querela dos métodos", já mencionada em capítulo anterior.

Nas seções seguintes, são apresentados alguns dos métodos globais mais conhecidos no Brasil.

## Método de contos

Um dos métodos globais mais antigos – o de contos – começou a ser aplicado nos Estados Unidos da América do Norte no fim do século XIX. Consiste em iniciar o ensino da leitura a partir de pequenas histórias, adaptadas ou especialmente criadas pelo professor. O pressuposto é explorar o grande prazer da criança em ouvir histórias para introduzi-la ao conhecimento da base alfabética da língua e ao gosto pela leitura. As cartilhas são recusadas por seu artificialismo e falta de relação com a vida e a experiência das crianças.

Apresentada a história completa, o texto é desmembrado em frases ou orações, que a criança aprende a reconhecer globalmente e a repetir, numa espécie de pré-leitura. A seguir, vem a etapa de reconhecimento das palavras (em geral, certas palavras aparecem repetidas vezes, o que facilita a memorização). Depois disso é que se alcança a etapa de divisão das palavras em sílabas e finalmente a composição de novas palavras com as sílabas estudadas.

O processo envolve análise das partes maiores (o texto, as frases) para chegar às partes menores (palavras, sílabas), por isso o *método global* é também chamado *analítico*.

No Brasil, não chegou a ser aplicado em ampla escala, a não ser em Minas Gerais, com o apoio do governo do estado ao tempo da Reforma Francisco Campos (Maciel, 2000).

A Professora Lúcia Casasanta, que ensinava metodologia da linguagem na Escola de Aperfeiçoamento de Professores de Minas Gerais, foi a grande divulgadora do método global de contos "como o mais adequado para a aprendizagem inicial da leitura para crianças e durante cinco décadas (de 1920 a 1970) formou várias gerações de alfabetizadoras" (MACIEL, 2000, p. 155).

Casasanta (apud por MACIEL, 2000) assim descreveu as etapas do método:

1) fase do conto;

2) fase da sentenciação;

3) fase das porções de sentido;

4) fase da palavração;

5) fase da silabação ou dos elementos fônicos.

O método não previa a utilização de livro didático, o que constituía uma dificuldade para os professores, que deviam criar textos e preparar materiais didáticos. Maciel afirma que, apesar da orientação oficial para que o método fosse adotado e de uma relativa adesão por parte do magistério mineiro, houve algumas resistências. Além da queixa sobre a falta de material didático padronizado, havia quem considerasse que o corpo docente não estava preparado para aquela inovação. Em certos casos, as mestras faziam adaptações e "mesclavam a prática tradicional de alfabetização do método silábico com os princípios do método global" (MACIEL, 2000, p. 154).

Convencida da necessidade de vir em auxílio das professoras, Lúcia Casasanta promoveu um concurso, entre suas alunas, para a produção de um *pré-livro*, baseado nos princípios científicos do método global, que seria experimentado em classes de demonstração (turmas destinadas à prática de ensino) da capital mineira.

> Lúcia Casasanta defendia o uso da palavra pré-livro, pois em sua opinião a palavra cartilha estava associada aos métodos tradicionais em que o "saber ler" se reduzia em traduzir em sons os símbolos da página escrita. A cartilha já era um livro pronto, com textos "fabricados" com o objetivo de se trabalhar determinado vocábulo, não levava em conta os interesses das crianças. Diferentemente, o pré-livro era indicado como um material didático básico para iniciar o aluno na aprendizagem da leitura e era um material desenvolvido e acrescido com o uso de jogos, leituras suplementares e intermediárias (MACIEL, 2000, p. 156).

Dentre os pré-livros produzidos pelas alunas de Lúcia Casasanta destacou-se *O livro de Lili*, de Anita Fonseca (1942). Usado com muito sucesso nas escolas de Minas Gerais durante três décadas, deixou de ser editado no final dos anos de 1960 (MACIEL, 2000).

Se em Minas houve um êxito relativo na divulgação do método, o mesmo não ocorreu em outros estados.

Segundo Barbosa (1991), em São Paulo dos anos de 1920, o movimento oficial em favor da adoção do método global ou analítico não foi aceito pelos professores:

> Após os debates, que repercutiram até nas páginas dos jornais, a Diretoria Geral de Instrução Pública do Estado de São Paulo determinou a obrigatoriedade da adoção do método analítico nas escolas públicas. Essa obrigatoriedade foi questionada pelos professores que, na verdade, nunca aplicaram os princípios do método analítico. A lei foi revogada em 1920, estabelecendo a liberdade de cátedra na opção do método de ensino de leitura e escrita (BARBOSA, 1991, p. 51).

Apesar do prestígio da Escola Nova, prevaleceu o bom-senso, e as autoridades educacionais decidiram que a escolha do método de alfabetização ficaria a cargo dos professores. O Instituto Nacional de Estudos Pedagógicos (Inep), que representava a vanguarda em matéria de pensamento educacional, em publicação (Inep, 1951) sobre o ensino de leitura e linguagem mencionava o método global de passagem (Inep, 1951, p. 18), mas afirmava que os professores tinham liberdade para escolher seu método.

**Método ideovisual de Decroly**

Um dos mais conhecidos métodos globais, o ideovisual, foi criado no início do século XX por Ovide Decroly (1871-1932), médico, psicólogo e educador belga. Pioneiro da Escola Nova, fundou em Bruxelas um instituto para crianças com dificuldades de aprendizagem, e mais tarde uma escola regular que alcançou grande notoriedade. A Primeira Guerra Mundial (1914-1918) perturbou a marcha de seus trabalhos, mas após o fim do conflito as autoridades educacionais belgas adotaram suas ideias pedagógicas no ensino público (LOURENÇO FILHO, s.d., p. 184).

As bases de sua filosofia de educação podem ser encontradas em Rousseau e suas ideias estão muito próximas às de John Dewey, Kilpratick e Claparède e outros adeptos da Escola Nova: respeito à personalidade da criança, a seus interesses, a seu ritmo natural e modos peculiares de ver o mundo. Como os demais escolanovistas, pregava a importância da atividade, da ação e da cooperação (DECROLY, 1929).

Decroly propôs que o ensino se desenvolvesse por *centros de interesse*, e não por matérias isoladas, como se fazia nas escolas tradicionais. Os conteúdos de língua materna, matemática, história, geografia, ciências etc. deveriam ser organizados a partir e em torno de um tema de interesse infantil. Em princípio, o programa escolar deveria incluir conhecimentos imediatamente ligados à criança: suas necessidades básicas (de alimento, abrigo, proteção e ação) no meio em que vive. O estudo do meio incluía as relações entre a criança e a família, a escola, as plantas, os animais, o sol, a lua e as estrelas, a terra (água, ar e minerais).

No desenvolvimento dos centros de interesse, segundo seu idealizador, a criança passava pelas três grandes fases de pensamento: *observação, associação e expressão*.

Decroly entendia a leitura como inseparável das atividades de expressão, de observação e de criação. Em colaboração com uma professora primária, experimentou um método de aprendizagem de leitura que punha em jogo o que chamava "função de globalização". Essa função, que explicava a capacidade da criança de captar as formas globalmente, justificaria começar a aprendizagem por frases (unidades de sentido) em lugar de letras (elementos gráficos isolados sem significação).

As primeiras experiências pedagógicas de Decroly foram feitas com crianças com deficiências de visão, audição, ou outras. Em parceria com uma professora primária, em 1907 alcançou êxito na alfabetização de um menino surdo que aprendeu a ler a partir de frases relacionadas com ações da vida cotidiana. Nessas frases, eram utilizados verbos no presente do indicativo ou no imperativo, sugerindo ações que a criança deveria executar para demonstrar compreensão.

O aluno reconhecia a forma, o desenho total, a imagem gráfica da frase. Em seguida, aprendia a distinguir as palavras, por meio da observação de semelhanças e diferenças entre elas; em seguida as sílabas, depois as letras. Esse foi o método ideovisual criado pelo autor.

Para a criança surda, executar a ação sugerida pela frase – "Vá à janela" – era a demonstração de que havia compreendido. Não era necessário ler em voz alta, bastava a leitura mental (assim Decroly denominava o que hoje chamamos leitura silenciosa).

Decroly recomendava também o ensino globalizado de palavras significativas, valendo-se de jogos e materiais como caixinhas com etiquetas que continham produtos como açúcar, café, chocolate, sal etc. A criança olhava a etiqueta, provava o produto e associava a escrita ao significado.

Da parceria de Decroly com seus colaboradores, surgiram importantes trabalhos de pesquisa sobre ensino e aprendizagem de leitura, apresentados em congressos e divulgados por todo o mundo.

O método ideovisual, também conhecido como método Decroly, foi adaptado por educadores de escolas regulares, isto é, destinadas a alunos que não têm necessidades especiais. As frases que servem como ponto de partida são tiradas de histórias, canções, parlendas e poesias, ou mesmo produzidas e ilustradas pelas crianças.

**Método Natural Freinet**

Célestin Freinet (1896-1966), educador francês, produziu uma obra de grande significado teórico, prático, social e político. Professor primário, pôs em prática as ideias que divulgou, criou cooperativas de professores, escreveu livros e editou revistas. Militante político socialista, foi perseguido por suas posições de esquerda e por introduzir inovações em escolas rurais, de pequenos povoados no interior da França, cuja população teria preferido a pedagogia tradicional.

Exerceu grande influência sobre educadores progressistas que lutavam pela renovação da escola e manteve contatos constantes com colegas franceses, ou de outras nacionalidades, que criaram um sistema internacional de intercâmbio de experiências por meio de correspondência e publicação de livros e revistas. Uma rede de escolas freinetianas estabeleceu-se em vários países.

No Brasil, o pensamento de Freinet tem sido pouco divulgado e as poucas escolas representativas de sua pedagogia são geralmente instituições particulares.

Freinet acreditava que a inteligência, o gesto, a sensibilidade desenvolvem-se através da livre expressão, do trabalho manual, da experimentação. Sua pedagogia consiste em estimular a reflexão, a criatividade, o trabalho, a cooperação e a solidariedade.

Para justificar a escolha do texto como unidade para o ensino da língua, apoiava-se em Decroly:

> As recentes descobertas psicológicas e pedagógicas, nomeadamente desde os trabalhos do Dr. Decroly, revelaram o poder da globalização. A maior parte das crianças – se não for a generalidade – vê o todo antes de distinguir o pormenor [...]. Admite-se hoje oficialmente que um ensino racional e científico da leitura possa realizar-se a partir não do elemento constitutivo, mas do conjunto, do complexo de que nem sempre é necessário distinguir os elementos (FREINET, 1977, p. 47).

Condenando taxativamente o uso de cartilhas, Freinet estimulava as crianças a escreverem *textos livres*, que eram lidos para os colegas; a turma escolhia a composição que seria impressa pelas próprias crianças num equipamento manual.

Segundo Freinet, o *Método Natural* (FREINET, 1977) de aprendizagem da língua parte de um pressuposto: a criança lerá e escreverá com interesse textos relacionados com suas experiências.

> Pelo método natural, a criança consegue ler, sem lição especial, e sem b a ba, pela vida, pelo meio escolar, e social, servida e refletida pela imprensa, pela correspondência, pelo desenho, e pela expressão sob todas as suas formas. Suprimimos assim as fastidiosas sessões de repetição que os educadores usam tanto com os alunos; dominamos o sentimento de impotência da criança que aprende muito cedo a traduzir em textos impressos o seu próprio pensamento (FREINET, 1977, p. 57).

O método natural pressupõe que a criança se familiariza com a escrita por imersão na escrita, à medida que interage com textos, ouve histórias, desenha, faz tentativas de escrita. Ela aprende a ler lendo, a escrever, escrevendo. Dessa forma, o método natural Freinet não comporta fases ou etapas, como acontece com outras propostas.

Para entender o andamento do método, pode-se consultar a descrição e análise do processo de alfabetização da filha única do casal Freinet (a esposa de Freinet, Elise, era também professora e militante).

> A menina, que a princípio se expressava pelo desenho, passou a "assiná-los", depois atravessou uma etapa de rabiscos que imitavam letras, em seguida começou a produzir algumas palavras com ortografia convencional, em bilhetes para os pais e outros escritos sociais. Pode-se concluir que a criança, vivendo num ambiente letrado, observou a escrita à sua volta, possivelmente fez perguntas, inferências, adivinhações, enfim, empreendeu esforços para compreender o sistema de escrita e construiu suas hipóteses, como diriam hoje os construtivistas (FREINET, 1977, p. 77s).

O ensino da língua materna, para Freinet, deve desenvolver-se em situações sociais de uso da leitura e da escrita. Além da imprensa escolar, outras técnicas criadas ou aperfeiçoadas por ele foram a correspondência entre alunos de diferentes turmas ou escolas, o jornal escolar, a biblioteca-centro de documentação (não apenas com livros mas com variados tipos de material impresso). Tudo isso revelava a concepção do autor de que a escrita e a leitura têm um significado social, existem para servir ao homem em suas lutas, no seu trabalho, na expressão de suas ideias. Em lugar de atividades puramente formais, propunha que os alunos, desde tenra idade, escrevessem e lessem para serem compreendidos e para entrar em relação com os outros.

## A metodologia de base linguística ou psicolinguística

Baseada em conceitos e premissas da Linguística e da Psicologia, a chamada Metodologia de base linguística propõe ensinar a ler a partir de orações. Foi elaborada nos anos de 1970, por um grupo de professores do Laboratório de Currículos da Secretaria de Estado de Educação do Rio de Janeiro, coordenado pela Professora Helena Gryner.

Heloísa Vilas-Boas, que participou da equipe, conta que a elaboração do método tomou como base uma experiência realizada em uma turma de alfabetização, no Instituto de Educação do Rio de Janeiro.

> A essa experiência pioneira deve-se a tentativa de reformulação do ensino da leitura e escrita no sentido de incorporar criativamente as descobertas e conceitos da Linguística Contemporânea e a adoção da linguagem lúdica, na medida em que o jogo era considerado [...] como o exercício pleno das estruturas vivenciais do indivíduo inserido na organização social (VILAS-BOAS, 1988).

As premissas do método são: "respeitar a fase de desenvolvimento cognitivo e afetivo em que a criança se encontra e tornar o aluno sujeito do processo, cabendo sempre a ele a iniciativa e a descoberta" (SECRETARIA DE ESTADO DE EDUCAÇÃO E CULTURA, LABORATÓRIO DE CURRÍCULOS, 1979, p. 13).

Independentemente de seu nível sócio-econômico-cultural, a criança tem a competência linguística para intuir as regras que presidem as combinações nos diversos níveis da língua com a qual está em contato. No momento da alfabetização, a criança vai pela primeira vez encarar a língua como objeto de estudo e ganhar consciência de regras que já havia internalizado.

A opção pela unidade oração ou frase é assim explicada:

> Ninguém fala por palavras isoladas. Saber uma língua é conhecer as possibilidades de arranjo de sons, de palavras ou frases, ou seja, é conhecer as estruturas linguísticas e suas regras (SECRETARIA DE ESTADO DE EDUCAÇÃO E CULTURA, LABORATÓRIO DE CURRÍCULOS, 1979, p. 11).

Parte-se do conhecimento que a criança tem da língua oral, pois ao entrar na escola, e mesmo antes, ela já é capaz de comunicar-se verbalmente para expressar suas ideias e sentimentos, fazer pedidos ou perguntas, contar casos, reclamar etc.

O método põe em destaque esses saberes da criança e procura torná-la consciente das muitas *operações sintáticas* que pode realizar a partir de uma oração.

Um exemplo: se a criança é capaz de dizer *Eu vi um menino na porta da escola*, será também capaz de substituir o objeto direto *um menino*, gerando um infinito número de orações:

*Eu vi uma bicicleta...*

*...um cachorro,*

*...uma professora,*

*...um ladrão na porta da escola.*

Ou modificar o sujeito da oração, dizendo:

*Ela viu um menino na porta da escola.*

*Pedro viu um menino na porta da escola.*

Exercícios desse tipo (operações sintáticas) são feitos oralmente para destacar a produtividade da língua, a capacidade que temos de criar um infinito número de frases a partir de uma mesma estrutura.

O processo de alfabetização deve começar pela produção e reconhecimento de frases sugeridas pelas próprias crianças. Os autores lembram que a leitura "é mais do que aquisição de hábitos automáticos" e não se pode falar em leitura quando não existe compreensão do texto (SECRETARIA DE ESTADO DE EDUCAÇÃO E CULTURA, LABORATÓRIO DE CURRÍCULOS, 1979, p. 14). Para compreender um texto não basta conhecer o significado de palavras isoladas:

> A língua é um sistema em que todos os termos são solidários e o valor de cada um deles resulta tão somente da presença simultânea de outros. O significado de uma frase não é a soma dos significados das palavras que a compõem. A frase é uma estrutura, cujo significado é dado pelo valor de cada um dos elementos mais a posição que eles ocupam em relação a todos os outros do conjunto (p. 14).

Para dar início à alfabetização propriamente dita, a professora escolhe uma ou duas orações produzidas pelas crianças, que devem conter palavras cuidadosamente escolhidas para atender a três critérios:

1) Critério de dificuldade: começar pelo mais fácil em matéria de relações letra-som e de padrões silábicos. As primeiras palavras-chave apresentadas devem ser formadas de fonemas como /b/, /p/, /d/, /v/, e /f/, representados pelas letras b, p, d, v e f, que têm o mesmo som, independentemente da posição na palavra. São os casos em que há uma relação biunívoca entre os fonemas e os grafemas. Quanto ao tipo de sílaba, o mais fácil é o mais comum, ou seja, consoante-vogal (como em pa, da, va etc.); padrões silábicos mais complexos virão pouco a pouco.

2) Critério de alternância entre o fácil e o difícil: o método recomenda que não se deixe para a etapa final do processo de alfabetização as chamadas *dificuldades ortográficas*. As letras que podem representar mais de um som, conforme o contexto – como s, m, l, x e outras – devem ser alternadas com aquelas consideradas mais fáceis.

3) Critério de produtividade: selecionar palavras-chave que depois de desmembradas em sílabas permitam formar um bom número de palavras novas.

**Etapas de uma unidade**

A aplicação do método é dividida em unidades didáticas. Uma unidade é um conjunto integrado que começa pela criação de um clima propício à expressão verbal, prosseguindo pela escolha das frases, das palavras-chave e de estratégias para reconhecimento das relações entre sons e letras. Concluída uma unidade, outra começa, com novas orações e outras palavras-chave.

*Uma unidade didática* (VILAS-BOAS, 1988)

1) Primeira etapa. Produção do tema, a partir de situações criadas pela professora ou surgidas do cotidiano. Histórias, fábulas, lendas, visitas e passeios, jogos e brincadeiras, eventos e projetos da escola podem ser o ponto de partida. Conversando com os alunos, criando oportunidades de expressão oral, a professora presta atenção à forma pela qual eles se expressam, para escolher orações a serem trabalhadas.

2) Seleção das frases e palavras-chave. O número de palavras deve ficar em torno de 6 ou 7, no caso de ser apenas uma oração, ou 9 a 11, se forem duas.

3) Escrita das frases selecionadas no quadro de giz ou quadro de pregas, usando-se a *letra script ou bastão*, que é um tipo de letra de imprensa simplificada.

4) Leitura natural e fluente das frases, num ritmo que permita apontar cada palavra, usando a pronúncia natural.

5) Análise da frase como um todo, por meio de *operações sintáticas orais*. Os objetivos desta etapa são: salientar a criatividade da linguagem, incentivar o diálogo na sala de aula, encaminhar a criança para a busca do significado daquilo que lê.

6) Reconhecimento das palavras-chave em outros contextos. As crianças identificam as palavras-chave criadas por elas e escritas no quadro pela professora, ou apresentadas em folhas de exercícios.

7) Descoberta de semelhanças e diferenças, gráficas e auditivas, entre as palavras. Nas atividades de discriminação visual das palavras-chave: usar cartões, jogos, desenhos que permitam memorizar a grafia, comparar palavras semelhantes e diferentes etc. Para discriminação auditiva: pedir aos alunos que digam palavras começando com a mesma sílaba inicial (o que é mais fácil perceber) ou que tenham as mesmas sílabas medial e final (atividade mais difícil para algumas crianças). É importante que a sílaba a ser discriminada permaneça ligada ao todo (a palavra) de que faz parte. Montar os paradigmas das palavras: apresentá-las em coluna, de tal modo que sílabas iguais fiquem umas embaixo das outras. Marcar com um traço as sílabas iguais ou envolvê-las com uma linha.

8) Formação de palavras novas, pela recomposição de sílabas e fonemas das palavras-chave.

9) Produção oral e escrita de novas frases.

A fundamentação teórico-metodológica e sugestões didáticas interessantes são encontradas no livro de Heloísa Vilas-Boas (1988) *Alfabetização: outras questões, outras histórias*.

**Alfabetização a partir de palavras-chave**

O método da palavração propõe o ensino das primeiras letras a partir de palavras-chave, destacadas de uma frase ou texto mais extenso. As palavras destacadas são desmembradas em sílabas, as quais, recombinadas entre si, formam novos vocábulos.

Algumas professoras cujo trabalho pesquisamos (ver Parte III deste livro) têm a palavração como *núcleo duro* de seu trabalho. Valem-se de palavras-chave e de famílias silábicas, mas criam atividades que enriquecem e diversificam a proposta original, principalmente narração de histórias, canções, jogos e uma certa diversificação da tipologia dos textos apresentados às crianças, que passam a incluir poesias, letras de músicas, anúncios etc. Nem sempre são adotadas cartilhas.

Apresentamos, a seguir, duas variações em torno do método que têm sido experimentadas com sucesso e têm ampla circulação no Brasil.

## O Método Natural[8]

Criado por Heloisa Marinho, o Método Natural parte de conceitos da psicologia da forma (Gestalt) e apoia-se em John Dewey, Decroly e outros escolanovistas que ressaltam a importância da atividade da criança no processo de ensino-aprendizagem (MARINHO, 1987). A rigor, trata-se de um método misto, cujas estratégias didáticas são colhidas em fontes diversas, formando um todo bem estruturado.

Heloisa Marinho, professora do Instituto de Educação do Rio de Janeiro, na década de 1940 já pesquisava sobre métodos de alfabetização. A versão hoje conhecida e praticada do método foi experimentada por suas alunas Arlete Santos e Maria Caldeira Fucs, em classes experimentais do Instituto de Educação do Rio de Janeiro, em 1946.

Heloisa Marinho pretendeu conciliar as vantagens dos métodos globais – "formação de habilidades de leitura inteligente" – com as dos métodos fônicos que dirigem a atenção da criança para a dimensão sonora da língua, habilitando-a a decodificar (ler) e codificar (escrever) palavras novas. "Tudo isso trabalhando estruturas visuais e auditivas – palavras –, dentro de estruturas linguísticas maiores: frases, sentença, história, sempre enquanto e como processo de comunicação de ideias" (RIZZO & LEGEY, 1990, p. 5).

A autora, que manifestou preocupação com a formação de habilidades de leitura além da decodificação, propunha-se a tornar a criança capaz de "ler e organizar sentenças e pequenos textos com sentido ideativo", assim como a "extrair a ideia contida num grupamento de palavras conhecidas". Aboliu a cartilha e recomendou que os primeiros exercícios fossem apresentados em folhas soltas, que reunidas formariam o que chamou pré-livro. Criou e/ou adaptou materiais didáticos que tiveram amplo uso como o quadro de pregas,

---

**8.** Apesar de ter o mesmo nome do método de Freinet, o Método Natural Heloisa Marinho distingue-se do primeiro por suas bases teóricas e por se tratar de uma proposta estruturada, com fases de aplicação nitidamente ordenadas. O método Freinet é relativamente pouco estruturado.

cartões-relâmpago, visor fonético, tabuleiro de sons, trilho, bolsinha de leitura, bloquinho mágico e outros (RIZZO & LEGEY, 1990, p. 3-4). Enfatizou a importância das atividades diversificadas, lúdicas, criadoras e livres, assim como o manuseio de materiais e objetos.

**Síntese dos passos de aplicação**

1) A professora usa abundantemente a escrita. Registra, à vista dos alunos, fatos ocorridos na sala de aula, ou algo dito pelas crianças. Escreve bilhetes, convites, avisos destinados aos pais.

2) Estimula a percepção dos sons iniciais e finais de palavras ditas oralmente, utilizando técnicas e materiais que permitam descobrir semelhanças e diferenças entre sons, através da comparação porém "sem romper o todo oral da melodia da palavra e sem destruir o seu significado" (RIZZO & LEGEY, 1990, p. 57).

3) Forma um vocabulário básico de 35 a 40 palavras (apenas substantivos e verbos) que a criança deve aprender a reconhecer globalmente, em sentenças e pequenos textos, qualquer que seja sua posição nos textos.

4) Leva a criança a descobrir o som dentro da palavra e a associar o som à letra. Os recursos didáticos dessa fase são denominados "análise estrutural" (dizer a palavra lentamente para destacar os sons ao mesmo tempo em que vê sua forma gráfica) e "análise comparativa" (levar o aluno a associar os sons às letras que os representam).

5) Estimula a criança a ler e a escrever palavras novas com compreensão e rapidez, incentiva a leitura como fonte de informação e de prazer e a escrita como instrumento de registro de ideias e de comunicação.

**Método Paulo Freire**

A metodologia proposta por Paulo Freire também se classifica como palavração, com a importante diferença que as palavras geradoras (palavras-chave) apresentadas aos adultos analfabetos são pesquisadas no universo vocabular deles próprios; devem estar relacionadas com temas geradores de discussão sobre aspectos da vida política e social do Brasil e além disso propiciar a produção de um grande número de palavras novas (pela combinação de sílabas das palavras-chave).

Paulo Freire (1921-1997) é o educador brasileiro mais conhecido internacionalmente pela sua contribuição à teoria e à prática da educação de jovens e adultos. Os conceitos de pedagogia do oprimido, conscientização, educação libertadora, educação bancária e outros, elaborados por Freire ao longo de uma vida dedicada à reflexão e à ação, estão sendo aplicados por professores de diversos países que trabalham com educação popular (FREIRE, 1979a; 1979b; 1980a; 1980b).

Freire afirmava que o analfabeto adulto, embora não tivesse instrução escolar, participava do mundo do trabalho e da cultura e possuía um legado de experiência e conhecimento do mundo. No entanto, oprimido pelas condições de vida miseráveis, era posto à margem da vida política, sem ter direito sequer ao voto (o que lhe foi concedido pela Constituição de 1988). A alfabetização seria um instrumento de conscientização, ou seja, utilizada para que os indivíduos despertassem para o conhecimento de seus direitos políticos, sociais e econômicos.

Freire criou a expressão *círculo de cultura* para designar ao mesmo tempo o lugar onde se dava a alfabetização de adultos e o novo modo de conduzi-la. Em lugar de professor, um coordenador, quase sempre um jovem estudante secundarista ou universitário a quem competia "coordenar, jamais influir ou impor" (FREIRE, 1980a, p. 5).

Os procedimentos técnicos do método são:

1) Ao planejar um trabalho de alfabetização em determinada área, deve-se fazer um levantamento do universo vocabular da população, selecionando um grupo de 17 a 20 palavras de uso frequente, relevantes para a população e que apresentem as combinações básicas dos fonemas e padrões silábicos. São estas as *palavras geradoras*, que constituirão pontos de partida dos debates entre os participantes dos círculos de cultura.

2) Para dar início à alfabetização, o coordenador do círculo de cultura deve apresentar algumas imagens (em *slides* ou cartazes) que propiciem o debate sobre as noções de cultura e de trabalho. Estas imagens representam o produto do trabalho dos homens sobre a matéria da natureza: suas ferramentas, utensílios de uso diário, suas moradias. O objetivo é fazer com que os alunos reconheçam a si próprios como criadores de cultura (Freire, 1980a, p. 123-144).

3) Para ensinar as relações entre letras e sons, o ponto de partida é a palavra geradora, que é decomposta em sílabas. Em seguida, apresenta-se a ficha de descoberta, em que aparecem as famílias silábicas correspondentes. Por exemplo, a partir da palavra favela, forma-se a ficha:

*fa fe fi fo fu*
*va ve vi vo vu*
*la le li lo lu*

Com as sílabas, são formadas novas palavras: fala, fava, vela, vila, lava, leva, luva e assim por diante.

O método repousa no diálogo, como elemento de comunicação entre os homens, ou melhor, entre consciências, para transformar o mundo. Repousa ainda na crença de que o povo oprimido e explorado é capaz de pensar sobre a realidade social e concluir pela necessidade de transformação. Uma das grandes contribuições de Paulo Freire foi demonstrar as relações entre analfabetismo, política, dominação e libertação, sendo o autor reconhecido como um dos mais importantes filósofos da libertação, pioneiro da alfabetização e da pedagogia críticas.

A proposta de Paulo Freire continua a ser adotada, principalmente por educadores que trabalham fora dos quadros oficiais, em projetos de educação de adultos, para grupos de mulheres, operários, imigrantes e trabalhadores rurais. Os seguidores de Paulo Freire acreditam, como seu mestre, que a mudança educacional deve ser acompanhada de mudanças significativas na estrutura política e social, para diminuir as desigualdades.

**Conclusão**

Após a leitura deste capítulo, suponho que alguns hão de perguntar: afinal, qual é o melhor método? Em qual devo confiar? O que me aconselha?

Smith (1999) lembra que o problema do professor não é a falta de conselhos, pois há sempre uma autoridade para garantir que o método A é melhor que o B. O autor afirma que cabe ao professor tomar decisões, lembrando-se de que, embora todos os métodos de ensino de leitura possam ter algum sucesso com algumas crianças, infelizmente nenhum deles tem sucesso com todas. Concordo com ele.

Ainda que não possa responder qual é o melhor método, posso oferecer algumas reflexões que nascem da minha experiência de formadora de alfabetizadoras.

Para colher bons resultados na alfabetização, penso que é necessário ensinar as relações letras-sons de forma sistemática, mas sem rigidez, evitando que o ensino fique excessivamente centrado na decodificação. Quando falo em ausência de rigidez, quero dizer que, embora a professora tenha em mente ensinar as letras ou as palavras-chave numa determinada ordem, se estiver atenta à realidade à sua volta, descobrirá assuntos ou acontecimentos importantes que despertam a curiosidade infantil e podem ser traduzidos em palavras e frases. É uma maneira de aumentar a motivação, para aprender a ler, daqueles que não se mostram especialmente interessados. Por outro lado, quase sempre ela encontrará crianças que espontaneamente querem aprender letras e palavras não previstas. No passado, quando os métodos eram aplicados rigidamente, as professoras costumavam dizer ao aluno que *essa palavra (ou essa letra, esse fo-*

*nema) você vai aprender mais tarde.* Adiar a resposta é um risco: melhor atender à curiosidade do aluno, assim que ela se manifesta.

Para a professora, seja qual for o método escolhido, o conhecimento das suas bases teóricas é condição essencial, importantíssima, mas não suficiente. A boa aplicação técnica de um método exige prática, tempo e atenção para observar as reações das crianças, registrar os resultados, ver o que acontece no dia a dia e procurar solução para os problemas dos alunos que não acompanham.

Tenho observado que as propostas metodológicas, ao passarem pelo crivo da prática, às vezes se tornam muito distantes dos modelos teóricos. Nem sempre isso é um mal: as professoras adaptam o(s) método(s) às circunstâncias especiais de sua turma, criam exercícios não previstos, inventam materiais didáticos, até reaproveitam velhas cartilhas como material de leitura livre (ou simplesmente para recortá-las), enfim, fazem um amálgama que é a sua maneira própria de ensinar a ler e escrever. Note-se que alguns autores de métodos renomados fizeram o mesmo. O que legitimou suas propostas metodológicas, além da presença de um arcabouço teórico, foi o fato de elas terem sido experimentadas em um grande número de turmas, em diferentes contextos, como é o caso dos métodos aqui apresentados.

Quando a pessoa se inicia na tarefa de alfabetizar, ter a seu lado alguém para trocar ideias e discutir problemas costuma ser um auxílio precioso. Mesmo depois de possuir experiência, uma boa prática é unir-se a um ou mais colegas que estejam alfabetizando para fazer um trabalho coletivo de reflexão e crítica.

Reafirmo que há muito a pesquisar sobre os métodos mistos, ou ecléticos, enfim, as formas de alfabetizar nascidas na e da experiência das alfabetizadoras, mas, em se tratando de métodos longamente experimentados, sou defensora da aplicação de métodos globais porque me parecem mais motivadores, mais apropriados para facilitar a entrada dos aprendizes no mundo da escrita. Tive oportunidade de observar a aplicação criteriosa de métodos globais, as crianças trabalhando com frases significativas e simples e alcançando resultados muito satisfatórios.

Mas nem tudo são flores. Em outras turmas, na aplicação do chamado método psicolinguístico, observei a escolha de orações que evidentemente não tinham sido produzidas pelas crianças (o que em si não me parece nenhum problema) e, além disso, eram frases tolas, vazias, semelhantes aos piores exemplos das cartilhas de alfabetização.

Na palavração, trabalhar com palavras "simples e produtivas" também não é garantia de bom ensino. Às vezes a escolha das palavras-chave obedece principalmente ao critério de produtividade, isto é, são selecionadas palavras que desmembradas em sílabas permitem criar muitas palavras novas, independentemente de seu significado, da relação com a criança e seu mundo.

Ora, o exercício de decodificação e codificação não pode perder de vista o objetivo maior da alfabetização: compreender o que foi lido, tirar proveito da leitura, seja em termos de informação ou de prazer (ou ainda de ambos).

Aos coordenadores, supervisores e autoridades educacionais, lembro que é melhor deixar o professor livre para aplicar, com conhecimento de causa, um método que conheça bem, do que forçá-lo a inovar quando não se sente ainda preparado. O professor tem pleno direito de escolher seu método: se for obrigado ou induzido a aplicar uma proposta metodológica que não domina e que o deixa inseguro, provavelmente o resultado não será positivo.

Além de conhecer o método em si é preciso que o professor se pergunte:

– O que realmente tenho em vista ao ensinar a ler? O que estou buscando? Que usos da leitura e da escrita pretendo que o aluno venha a praticar? De que materiais disponho ou estou disposto a criar? Como as crianças se relacionam com a escrita, o que sabem sobre o assunto? Como eu próprio me relaciono com a leitura, a escrita e o método?

Decroly (apud por LOURENÇO FILHO, s.d., p. 178) expressou de forma definitiva o lugar que cabe ao método na prática educacional. A longa citação abaixo, embora não seja uma resposta à pergunta *que método devo utilizar?*, fornece-nos um bom material para reflexão.

> Ao utilizar esta palavra, *método*, será conveniente esclarecer que ela nada significa se não tivermos em mente os objetivos da ação educacional. Em sua legítima acepção, o método não é uma receita, mas uma relação, entre elementos e situações que tenhamos, e novas situações para cuja proteção intentamos concorrer. Só quando bem *reconhecida a situação* existente e bem formulada a que se deseje obter, é que podemos pensar em atividades idôneas, isto é, seguras e eficientes. O *conceito de método* não se contém nos estreitos domínios da técnica, pois que pressupõe uma opção entre fins a serem obtidos. Ao modo de fazer as coisas, ou de como fazê-las, antecede a intenção de fazê-la ou daquilo que se deva fazer. Ainda assim, os resultados da indagação experimental devem ser levados em conta, pois não terá sentido pretender fazer aquilo que não se possa fazer [grifos no original].

**Referências bibliográficas**

BARBOSA, José Juvêncio. *Alfabetização e leitura*. São Paulo: Cortez, 1991.

CLAPARÈDE, Edouard. *Le développement mental*. Neuchâtel/Paris: Delachaux et Niestlé, 1946.

_____. *Les méthodes*. Neuchâtel/Paris: Delachaux et Niestlé, 1947.

DECROLY, Ovide. *Problemas de psicología y de pedagogía*. Madri: Francisco Beltran, 1929.

FONSECA, Anita. *O livro de Lili.* 2. ed. Rio de Janeiro: Francisco Alves, 1942.

FREINET, Célestin. *O Método Natural I;* a aprendizagem da língua. Neuchâtel: Delachaux et Niestlé, 1968 [Lisboa: Estampa, 1977].

FREIRE, Paulo. *Pedagogia do oprimido.* 6. ed. Rio de Janeiro: Paz e Terra, 1979a.

_____. *Ação cultural para a liberdade.* 4. ed. Rio de Janeiro: Paz e Terra, 1979b.

_____. *Educação como prática da liberdade.* 11. ed. Rio de Janeiro: Paz e Terra, 1980a.

_____. *Conscientização: teoria e prática da libertação.* 3. ed. São Paulo: Moraes, 1980b.

LOURENÇO FILHO, Manoel B. *Introdução ao estudo da escola nova* – Bases, sistemas e diretrizes da pedagogia contemporânea. 9. ed. São Paulo: Melhoramentos, s.d.

MACIEL, Francisca. Alfabetização em Minas Gerais – Adesão e resistência ao método global. *Lições de Minas – 70 anos da Secretaria de Educação,* set./2000, p. 144-163. Belo Horizonte: Governo de Minas Gerais/Secretaria de Educação.

MARINHO, Heloisa. *Vida, educação, leitura* – Método natural de alfabetização. Rio de Janeiro: Francisco Alves, 1987.

MINISTÉRIO DA EDUCAÇÃO E SAÚDE. *Leitura e linguagem no curso primário* – Sugestões para organização e desenvolvimento de programas. 2ª tiragem. Instituto Nacional de Estudos Pedagógicos, publicação n. 42, 1951.

RIZZO, Gilda; LEGEY, Eliane. *Fundamentos e metodologia da alfabetização* – Método Natural. 6. ed. Rio de Janeiro: Francisco Alves, 1990.

SECRETARIA DE ESTADO DE EDUCAÇÃO E CULTURA, RJ/Laboratório de Currículos. *Alfabetização,* Caderno n. 3, 1979.

SMITH, Frank. *Leitura significativa.* 3. ed. Porto Alegre: ArtMed, 1999.

VILAS-BOAS, Heloísa. *Alfabetização:* outras questões, outras histórias. São Paulo: Brasiliense, 1988.

# 4
# Trabalhando com textos na alfabetização

Muitas professoras perguntam como trabalhar com textos na alfabetização inicial. Dúvidas mais comuns: se a criança não sabe ainda ler palavras simples, como poderá ler uma história? É possível sistematizar a alfabetização sem ensinar as letras uma a uma? Há o risco de confundir as crianças?

No capítulo relativo aos métodos globais, mostrei que a alfabetização a partir de histórias, orações ou frases não é novidade, tem sido praticada com êxito há muitas décadas. Por acreditar que trabalhar com pequenos textos naturais – sejam histórias, notícias, poemas etc. – é uma possibilidade interessante, apresento aqui algumas sugestões.

Repito que para aprender a ler é preciso conhecer as letras e os sons que representam, mas é também fundamental buscar o sentido, compreender o que está escrito. Os textos podem ser úteis para enfocar estas duas facetas da aprendizagem: a alfabetização e o letramento.

Neste capítulo procuro responder às seguintes questões: o que é um texto? Que textos escolher para alfabetizar? Como desenvolver atividades a partir de um texto? Como podemos transformar em texto escrito as falas de nossos alunos?

## O que é um texto?

A raiz da palavra *texto* é a mesma da palavra *tecer*. O texto é um tecido feito com palavras, assim como o pano é um tecido de fios. Fios soltos não formam um tecido, palavras soltas, desconexas, sem um sentido que as aproxime, não formam um texto.

Um texto é uma unidade significativa, uma passagem que faz sentido. Pode ser curto ou longo: uma frase ou uma oração que expressa um significado completo podem ser um texto. Um texto é mais do que a soma de palavras e frases: assim, uma lista de frases estereotipadas das cartilhas do tipo *O boi baba, A babá bebe, O ovo é da ave* etc. estão longe de constituir um texto.

As pessoas que falam determinada língua sabem reconhecer e produzir textos nessa língua, sabem também distinguir os que fazem dos que não fazem sentido. Uma passagem que é incoerente ou absurda causa um estranhamento nos ouvintes ou nos leitores.

Para compreender e saber produzir textos, as pessoas possuem uma competência linguística denominada competência textual. Mesmo as crianças pequenas possuem essa capacidade, que pode ser melhorada por meio de exercícios e atividades orais e escritas (ver sugestões de atividades n. 1).

## Trabalhando com textos orais e escritos

*Chapeuzinho Vermelho*

Vamos examinar dois textos. O primeiro imita as lições que encontramos nas cartilhas: uma série de frases isoladas, colocadas umas embaixo das outras, sem título. Não se parece com a língua viva que falamos ou escrevemos. Foi escrito apenas com o propósito de exercitar a criança, de treiná-la na aprendizagem de palavras com as letras v, m, l e b.

**Texto n. 1**

*A vovó é da menina.*

*A menina leva doce para vovó.*

*A menina vê o lobo.*

**Texto n. 2**

*Chapeuzinho Vermelho*

Era uma vez uma menina chamada Chapeuzinho Vermelho. Um dia, sua mãe mandou que ela levasse uma cesta cheia de coisas gostosas para a vovó. A garota foi e no caminho encontrou o lobo.

O texto 2 é simples, mas faz sentido, é compreensível, transmite informações. Foi escrito de acordo com as convenções da escrita do Português. Não tem nada a ver com um texto típico de cartilha.

Repare nos recursos usados pelo autor para evitar repetições de palavras: o pronome *ela* e o substantivo *garota* referem-se a Chapeuzinho Vermelho. Ao falar da mãe de Chapeuzinho, o texto diz *sua mãe*. Antes do verbo *encontrou*, o sujeito *ela* não está explícito, mas sabemos que se refere à heroína da história.

Imaginemos agora que um estrangeiro que não conhecesse bem a nossa língua escrevesse esta história assim:

> Era uma vez um menina *chamado* Chapeuzinho Vermelho.
> Um dia *seu* mãe diz para ele levar uma cesta de coisas gostosas
> para o vovó. *Ele* foi e no caminho encontrou *uma* lobo mau.

Estranho, não é? Felizmente nós não precisamos ensinar a nossos alunos que um substantivo feminino exige um artigo definido ou indefinido também no feminino, ou que o pronome *sua* deveria ser usado em concordância com *mãe* etc. Nossos alunos já sabem essas regras, utilizam-nas ao falar, embora não saibam ainda explicá-las com os termos usados pelos gramáticos.

Voltando ao texto Chapeuzinho Vermelho: quanta coisa é preciso saber para compreender uma pequena história! Nós entendemos o sentido global do texto devido à nossa experiência anterior com a língua oral e escrita e também ao nosso conhecimento do mundo: por exemplo, aprendemos que nas histórias de fadas os animais falam e aceitamos essa convenção, por isso não nos surpreende que o lobo converse com Chapeuzinho.

Vamos agora pensar na história contada oralmente. Por exemplo, uma criança brasileira poderia contá-la mais ou menos assim:

> Era uma vez uma menina, o nome dela se chamava Chapeuzinho Vermelho, aí a mãe dela, a mãe chamou ela e falou, você vai levar uma cesta, uma cesta de coisas gostosas pra vovó, aí a menina falou eu vou, aí foi, então ela se encontrou com um lobo mau.

Contada verbalmente, a história acima provavelmente seria entendida pelos ouvintes. Mas seria considerado impróprio apresentar esse mesmo texto por escrito, pois ele apresenta incorreções gramaticais, repetições de palavras e recursos típicos da língua oral, como o uso do termo *aí* para ligar as frases. Para transformá-lo em texto escrito, seria preciso fazer várias adaptações, pois há certas diferenças entre o oral e o escrito no que se refere à sintaxe (a forma de organizar as frases) e ao léxico (vocabulário).

Imagino que uma professora possa perguntar: mas não devemos respeitar a fala das crianças?

Sim, é claro. Ao escutar o que diz a criança, a professora terá o cuidado de procurar entender o conteúdo de sua fala, suas ideias, opiniões e pensamentos. Isto, no entanto, não significa transcrever exatamente o que ela diz – com hesitações, repetições, erros gramaticais etc. Afinal, a escola propõe-se a ensinar a criança a escrever a língua materna com clareza e correção, tarefa longa e trabalhosa que tem início nas classes de alfabetização e de jardim de infância e estende-se durante 11 ou 12 anos de educação básica, ou mais.

Assim, ao servir de escriba para a turma, a professora modifica alguma coisa que foi dita, comentando o que foi mudado e por quê.

Por exemplo: Uma criança conta que:

> Minha mãe saiu, ela disse que ela ia trabalhar, aí ela foi, aí ela demorou muito, aí eu fui na esquina pra ver se ela tava vindo, mas ela não tava, aí tava muito escuro, eu fiquei com medo, aí minha avó me deu sopa e aí eu dormi.

A professora vai escrever no quadro o que a criança disse.

O que podemos propor?

Em se tratando de uma classe de jardim de infância, alfabetização ou 1ª série, as alterações serão poucas, as mínimas necessárias, pois ainda não se pode exigir demais das crianças que estão se iniciando na escrita. No exemplo acima, sugiro apenas:

- Evitar a repetição do pronome *ela*: em alguns casos, o verbo pode aparecer sem o pronome, ou o pronome pode ser substituído pela palavra mamãe.

- Evitar o uso da palavra *aí* para ligar as frases. Mostrar que o sentido não muda se suprimirmos os *aí* que são próprios da linguagem oral.

- Substituir *tava* por estava.

À medida que a criança avançar na escolaridade, as exigências em matéria de gramática aumentarão.

**A criança sabe falar sua língua**

Por volta dos 5, 6 anos de idade a maioria das crianças tem capacidade para compreender e contar histórias, entender ordens, dar recados, participar de uma conversa; pode também distinguir semelhanças e diferenças entre palavras ou frases.

Devido às condições sociais injustas em que vive a maior parte da população, recebemos nas escolas crianças de inteligência e sensibilidades normais, prontas para aprender, mas que não tiveram contato com a escrita nem com livros, lápis, cadernos e rotinas escolares. Num primeiro contato com a escola, algumas se mostram tímidas e confusas, outras se deslumbram com os espaços mais amplos do que aqueles a que estão acostumadas e desatam a correr, aos gritos. As que não frequentaram o jardim de infância não sabem que devem formar filas, levantar a mão antes de falar, conservar-se em silêncio quando a professora fala etc. Essas normas de comportamento escolar têm que ser explicadas e não são apreendidas da noite para o dia.

Se lhes forem dadas as oportunidades e os meios, crianças de qualquer condição social serão capazes de desenhar, dramatizar, modelar, ler, escrever e contar, tanto quanto foram capazes de aprender a falar e a brincar. Sua grande dificuldade na escola é não terem condições sociais e materiais para desenvolver suas capacidades.

**Preparação para a leitura e a escrita**

Preparar para aprender a ler é principalmente despertar o desejo, a vontade de ler. Melhor do que oferecer à criança desenhos prontos para colorir e ou pontinhos para unir é *criar um clima de interesse e receptividade em relação à leitura e à escrita*. Para isso, a professora precisa ter à mão livros infantis, jornais, revistas, muito material escrito, de todo tipo, para olhar, manipular, manusear, adivinhar. A criança que folheia livros e revistas acaba se perguntando: o que isso quer dizer?

Observando livros infantis, as crianças inventam histórias inspiradas nas ilustrações. Criam narrativas para si mesmas e para os colegas. As histórias lidas ou narradas pela professora, e pelos alunos também, têm um papel importantíssimo na educação da criança: elas alimentam a imaginação e o sonho, melhoram a expressão verbal, aguçam a curiosidade, criam amor pelos personagens, pela palavras, pelos livros.

As crianças acostumadas a ouvir histórias lidas em voz alta aprendem aos poucos sobre sintaxe (a forma pela qual as frases são organizadas para fazer sentido) e o léxico ou vocabulário da língua escrita. Isso vai ajudá-las a aprender a reconhecer *de ouvido* as normas linguísticas que regem a escrita, mesmo que ainda não saibam empregá-las. O domínio da escrita é um aprendizado de longa duração que começa na alfabetização e se estende por muitos anos.

**A escolha dos textos**

*1. Que textos escolher para as crianças?*

No momento de começar o ensino sistemático da leitura, o tema e os significados do texto escolhido são decisivos.

Para crianças de 6 anos, que estão iniciando o processo de alfabetização, cheias de curiosidade e disposição para aprender, há muitas escolhas: histórias, poemas, trava-línguas, canções de roda.

Em se tratando de crianças grandes, repetentes que já passaram por vários métodos e cartilhas, sugiro conversar sobre a vida deles, o que fazem fora da escola, se trabalham, do que gostam etc. Nesse caso, talvez uma notícia sobre futebol, uma letra de rap ou de uma canção, uma piada, um anúncio, ou um bilhete, sejam mais atraentes. Trata-se de dar a essas crianças a certeza de que estão avançando, aprendendo coisas novas, até porque a maioria já passou por muitas experiências frustrantes e já conhece os nomes das letras, além de algumas palavras simples ou sílabas. Deve ser aflitivo para essas crianças terem sempre a sensação de começar do zero, portanto é bom escolher um texto diferente, usado na vida social, que seja uma novidade para elas.

## 2. Deve-se trabalhar com os textos das próprias crianças?

Seja qual for o tipo de turma, textos orais produzidos pelas crianças e escritos pelo(a) professor(a) no blocão também podem servir de ponto de partida para o trabalho de alfabetização. No entanto, eles devem ser adaptados para atenderem às normas da língua escrita, pois aquilo que se fala raramente pode ser escrito tal qual o que se escreve. A professora fará as modificações que julgar necessárias, apontando para as crianças o que foi mudado e por quê.

## 3. Como começar a estudar o texto?

Escreva o texto no quadro de giz, numa cartolina grande ou num blocão. Faça uma leitura normal, fluente e converse com a turma sobre o texto. O que significa o que foi lido, o que compreenderam? Essa conversa deve dar margem a que as crianças se manifestem livremente, mas de forma organizada. Muita gritaria e desordem tornam o trabalho impossível: embora seja difícil para a criança esperar a vez de falar, este é um aprendizado social precioso, que tem que ser feito.

Em seguida, faça a leitura didática, apontando as palavras com o dedo ou com uma régua, mostrando os espaços em branco entre as palavras. Assim você começa a dar uma noção importante que: os espaços marcam os limites gráficos das palavras, onde começam e acabam. Mostre aos alunos que quando falamos as palavras parecem *emendadas umas nas outras*. Fazemos pausas para respirar ou marcar o ritmo das frases, mas não há uma separação obrigatória entre as palavras a não ser quando deliberadamente falamos muito devagar. Assim, a separação entre as palavras, os espaços existentes entre elas no papel são uma das características da língua escrita.

Depois da leitura didática, tornar a repetir a leitura fluente. A partir desse ponto, é hora de botar as crianças para repetirem o texto de cor, brincando de ler.

## 4. Como fazer para mostrar os sons das letras?

Aprender a ler envolve aprender que as letras representam sons, que a mesma letra pode representar mais de um som de acordo com o contexto e o mesmo som pode ser representado por mais de uma letra. Não é uma questão de adivinhação da criança, é conhecimento sistemático, que tem que ser passado por uma pessoa que conheça o código alfabético.

Para ensinar o código, evite confundir suas crianças, apresentando-lhes frases ou textos acartilhados, com palavras começadas pela mesma letra – do tipo *vovô deu o ovo da ave*[9] – só para fixar o som e a escrita da letra. Se as lei-

---

9. GALHARDO, 1979, p. 15.

turas iniciais forem desinteressantes e cansativas, há o risco de as crianças acharem que a leitura não serve para nada.

Os sons das letras não devem ser explorados no falso texto ou não texto. Devem ser apresentados sob a forma de exercícios, listas, palavras cruzadas, caça-palavras etc.

5. *Quando é que elas vão começar a ler realmente?*

As crianças estarão lendo quando forem capazes de perceber como as letras funcionam para representar os sons da língua e ao mesmo tempo possam entender o que diz o texto. Para isso, proponho sistematizar o ensino da leitura e da escrita, começando pelo texto natural, significativo (e não por um texto acartilhado) e caminhar gradativamente na direção do conhecimento de palavras, sílabas, letras e regras ortográficas.

**Sugestões didáticas para melhorar a competência textual e a expressão oral**

1) Paráfrase: pedir ao aluno que *diga a mesma coisa de um outro jeito*, que conte uma história, narrada pela professora, com suas próprias palavras.

2) Resumo: propor resumos orais de uma história, um capítulo de novela, ou uma notícia. Ensinar que no resumo destacamos aquilo que consideramos mais importante, o que realmente não pode faltar. Se as crianças não souberem escrever, resumirão apenas oralmente e a professora escreverá o que foi dito, à vista de todos.

3) Produção de um texto a partir de um título dado: títulos de histórias conhecidas como histórias de fadas, lendas, fábulas etc. podem ser usados para iniciar a atividade. Em seguida, pode-se trabalhar com outros títulos, inventados pela professora ou pelas crianças.

4) Classificação dos diversos tipos de texto: cada vez que apresentar um texto, explicar de que tipo de texto se trata: uma narrativa, uma poesia, um texto didático, uma notícia jornalística, um anúncio, uma receita. Chamar atenção para particularidades de cada tipo de texto: a poesia tem apresentação gráfica especial, uma receita de cozinha é diferente de uma notícia de jornal e assim por diante.

5) Brincadeiras com palavras: pedir a dois alunos que digam cada qual uma palavra e a partir daí deixar a turma criar uma história. Por exemplo, uma criança dá a palavra *casa* e outra, a palavra *doce*. A professora pode começar a história e deixar o resto em suspenso, por exemplo:

> Sempre que eu vejo um doce, eu me lembro da casa de minha avó. Um belo dia, minha avó fez uma bandeja de brigadeiros...

Em seguida, dar a vez aos alunos que irão continuar a história.

6) Reprodução de histórias. As crianças gostam de inventar histórias que podem ser recolhidas pela professora. No exemplo[10] abaixo, há muitas repetições e modos de dizer típicos da língua oral. Histórias assim podem ser retrabalhadas para ficarem de acordo com as convenções da escrita.

> A bruxa tava fazendo comida. Ela botou o dedo no fogão, ela queimou. Aí foi passear na água, viu o jacaré. O jacaré comeu ela, aí ele levou pro mar, aí, ela caiu lá dentro e foi embora.

**Referências bibliográficas**

GALHARDO, Thomaz. *Cartilha da infância*. 226. ed. Rio de Janeiro: Francisco Alves, 1979.

TEIXEIRA, Viviane. *O chapéu da bruxa:* crianças ouvindo e criando contos de fadas na educação infantil. Rio de Janeiro: UFRJ/Faculdade de Educação, 2001 [Monografia de fim de curso].

---

**10.** TEIXEIRA, 2001.

# 5
## Duas lições de leitura

**Primeira lição de leitura**

Imaginemos uma aula de leitura para crianças ou jovens que gostam de futebol e estão iniciando a alfabetização (tanto faz se são alunos novos ou repetentes).

Vejamos um texto básico, simples e informativo.

*Derrota do Flamengo*

O Flamengo jogou contra o Vasco e perdeu. Dois a um para o Vasco. Ninguém esperava que isso pudesse acontecer. Os flamenguistas saíram tristes do estádio mas vão continuar torcendo pelo time.

Uma vez Flamengo, sempre Flamengo!

A professora segue o roteiro didático:

- leitura fluente;
- leitura didática, apontando as palavras e indicando alunos para repetirem a leitura;
- destaque de quatro a cinco palavras motivadoras – por exemplo, Flamengo, Vasco, time, estádio;
- reconhecimento das palavras em novos contextos.

**Exercícios**

Pedir aos alunos que:

a) apontem e marquem com uma cruz, ou sublinhem as palavras selecionadas;

b) contem o número de frases, pois a professora já explicou que cada uma delas começa com letra maiúscula e termina com ponto final;

c) contem o número de palavras e o número de espaços entre as palavras de cada frase; isso vai ajudá-los a perceber os limites gráficos das palavras, isto é, onde elas começam e acabam;

d) identifiquem as letras maiúsculas no início das frases (uma convenção importante na escrita);

e) identifiquem o ponto final (outra convenção importante).

A partir desse tema – futebol – e do pequeno vocabulário inicial, as crianças formam oralmente novas frases que a professora escreve no quadro. Assim, aprendem a reconhecer essas palavras em novos contextos.

**Exercícios com frases**

Imaginemos que foi organizada uma lista de frases:

- Meu pai é Flamengo mas minha mãe não gosta de futebol.
- A camisa do Vasco é branca, preta e vermelha.
- Você já foi ao estádio do Maracanã, o maior do Brasil?
- O Flamengo jogou contra o ........................... e ganhou.
- O Vasco jogou contra o Fluminense e perdeu.

Aplique os exercícios a, b, c, d, e nessas frases. Depois que muitos alunos tiverem feito a leitura e os exercícios, novas frases podem ser criadas por eles e escritas no quadro ou blocão.

Continuando a trabalhar com textos naturais, estimule-os a reconhecerem as palavras em novos contextos, por exemplo:

*Vasco* X *Flamengo*

O *Flamengo* empatou com o *Vasco* neste domingo. No outro domingo, o *Flamengo* perdeu. Os flamenguistas ficaram satisfeitos mas para o *Vasco* só interessava a vitória.

**Sugestões de atividades com palavras**

1) Forme listas de palavras para serem trabalhadas:

- Palavras começando com a mesma sílaba: Flamengo / flamenguista / Flávia / Flávio / flanela / flamenguista

estádio / escola / escravo / estudo / estudante / espaço

- Palavras terminando com a mesma sílaba (a letra **e** soando como **i**):

time / fome / come / tome

Vasco / coco / louco / pouco / rouco / (a letra **o** final soando como **u**)

2) Para ajudar os alunos a encontrarem semelhanças gráficas (isto é, na escrita) entre as palavras, coloque-as próximas umas das outras e peça às crianças que indiquem as sílabas iguais:

| Flamengo | time | estádio | jogo | ganhou | perdeu |
| flamenguista | tia | escola | jogador | gato | perdedor |

3) A pessoa ainda não alfabetizada tende a perceber apenas o sentido das frases e palavras que ouve, sem se dar conta dos sons isolados. Para que os alunos dirijam a atenção para os sons que formam as palavras, peça-lhes que digam em voz alta palavras parecidas, que começam do mesmo modo, ou terminam igual (rimas).

4) A próxima etapa é mostrar que palavras começando com as mesmas letras soam do mesmo modo, isto é, as letras representam os sons das palavras. Esta é uma descoberta essencial no processo de alfabetização. Quando o indivíduo percebe isso, é capaz de entender por que *papai, pato, panela e padaria* começam com a mesma letra.

5) Novas palavras podem ser formadas com as sílabas aprendidas, mas nem sempre é possível formar uma série variada. Não importa: pode-se recomeçar o processo, investindo em outros textos, novas palavras-chave, novas listas de palavras parecidas do ponto de vista do som, porque começam ou acabam igual. Esses exercícios ajudam a criar ou a desenvolver a consciência fonológica dos aprendizes, que devem conhecer as relações letra-som para serem capazes de ler.

## Segunda lição de leitura

*Chapeuzinho Vermelho*

Imaginemos uma turma de crianças que gostam de contos de fadas. A velha história de Chapeuzinho Vermelho, uma das favoritas da infância, pode ser contada e recontada oralmente, depois dramatizada pelos alunos.

Na hora do ensino da leitura e escrita, seguir os passos recomendados na lição anterior: escrever uma pequena parte da história, fazer a leitura natural, fluente e depois a leitura didática.

Destacar uma frase que as crianças aprendem de cor, pedir-lhes que apontem determinada palavra, comparar as palavras umas com as outras oralmente.

Enfim, mergulhar na escrita prestando atenção aos detalhes: letras iguais e diferentes, maiúsculas e minúsculas.

### Exercícios para ajudar os alunos a perceberem as relações entre letras e sons

1) Apresente as palavras próximas umas embaixo das outras e destaque as partes iguais:

| chapeuzinho | netinho | mata | bobo | chá |
| charuto | cestinho | mala | cabo | fechado |
| chata | ninho | cama | lobo | fechadura |
| | | uma | | bucha |

2) Ajude os alunos a reconhecerem diferenças de uma única letra que criam diferenças de som e de sentido:

| lobo – bobo | medo – dedo | (eu) boto – (ele) bota |
| pata – lata | coco – coca | tiro – tipo |
| faca – vaca | cestinho – cestinha | mala – maca |
| mala – mata | menino – menina | maca – mata |
| mel – fel | pato – pata | mata – mapa |

3) Lembre-se de mostrar palavras que se escrevem e se leem do mesmo modo mas têm sentidos diferentes, dependendo da frase em que se encontram: manga, casa, pé etc.

4) Mostre palavras que se pronunciam da mesma maneira, mas são escritas diferentemente e têm significados distintos, como, por exemplo, sessão / seção; concerto / conserto.

5) Proponha que descubram uma palavra "escondida" ou contida dentro da outra.
*Exemplos:*
Qual a palavra que está "escondida" em todas as palavras abaixo?
barba – acabar – barbado
Resposta: bar

E nestas outras? lar – falar – melar – bolar – ralar – filar – largo – largura.

E nestas agora? mar – marmelo – Marcelo – Marlene – firmar – tomar – rimar – somar – remar – fumar – amar.

6) Ensine as crianças a recitar ou a cantar quadrinhas, falando mais alto as palavras que rimam (ou batendo palmas quando elas aparecerem).

7) Peça às crianças que batam palmas quando ouvirem palavras que começam de maneira igual (comece com sílabas iguais, depois escolha um som inicial, isto é, o fonema).

8) Ou que batam palmas quando ouvirem uma palavra que comece de forma diferente de outras de uma série.

9) Para a formação de novas palavras, veja as sugestões dadas anteriormente: fazer listas de palavras parecidas do ponto de vista do som (começando com a mesma sílaba ou fonema), utilizar as sílabas conhecidas para formar palavras novas, quando for possível etc.

10) Organize listas, cartazes ou livrinhos artesanais de palavras com a mesma letra ou sílaba inicial, os mesmos dígrafos, a mesma sílaba medial ou final etc. Ao ver os exemplos, ao ouvir a professora dizer em voz alta as palavras ali escritas, a criança entende que determinada letra corresponde a um determinado som.

11) Insista sempre na compreensão do sentido dos textos, na escrita de frases significativas. Nunca deixe de lado esse aspecto da aprendizagem em favor do simples processo mecânico de decifração. Crie seus próprios textos, aproveitando situações, histórias, músicas, notícias etc. que sejam de interesse dos alunos.

# Parte II
## LETRAMENTO

# 6
## O que significa letramento?

No título deste livro, estão reunidas duas palavras – alfabetizar e letrar –, a primeira das quais é usada com desenvoltura pelos professores. Ainda assim, vamos nos deter no seu significado.

Uso a palavra alfabetização no sentido restrito de *aprendizagem inicial da leitura e escrita*, isto é, a ação de ensinar (ou o resultado de aprender) o código alfabético, ou seja, as relações entre letras e sons. Existem definições mais amplas de alfabetização que incluem as habilidades de interpretação de leitura e produção de escrita, e até de conhecimento do mundo, mas prefiro destacar o caráter específico da alfabetização, que considero um processo limitado no tempo, no conteúdo e nos objetivos.

Segundo Magda Soares, "no Brasil, os conceitos de alfabetização e letramento se mesclam, se superpõem e frequentemente se confundem" (SOARES, 2003, p. 5). Isto não é bom, pois os processos de alfabetizar e letrar, embora interligados, são específicos, afirma a autora. Alfabetizar é ensinar o código alfabético, letrar é familiarizar o aprendiz com os diversos usos sociais da leitura e escrita.

Magda Soares (1998) traçou a história da palavra *letramento*, originada do termo inglês *literacy*, e introduzida na nossa língua em meados da década de 1980. Assim a autora definiu letramento:

> [...] o resultado da ação de ensinar ou de aprender a ler e escrever: o estado ou a condição que adquire um grupo social ou um indivíduo como consequência de ter-se apropriado da escrita (SOARES, 1998, p. 18).

A autora considera que o letramento traz consequências (políticas, econômicas, culturais etc.) para indivíduos e grupos que se apropriam da escrita, fazendo com que esta se torne parte de suas vidas como meio de expressão e comunicação.

Que diferença existe entre ser alfabetizado e letrado?

Para Soares, a diferença está na extensão e na qualidade do domínio da leitura e escrita. Uma pessoa alfabetizada conhece o código alfabético, domina as relações grafofônicas, em outras palavras, sabe que sons as letras representam, é capaz de ler palavras e textos simples mas não necessariamente é usuário da leitura e da escrita na vida social. Pessoas alfabetizadas podem, eventualmente, ter pouca ou nenhuma familiaridade com a escrita dos jornais, livros, revistas, documentos, e muitos outros tipos de textos; podem também encontrar dificuldades para se expressarem por escrito. Letrado, no sentido em que estamos usando esse termo, é alguém que se apropriou suficientemente da escrita e da leitura a ponto de usá-las com desenvoltura, com propriedade, para dar conta de suas atribuições sociais e profissionais.

## Analfabetismo no Brasil

O Brasil chegou ao século XXI sem conseguir resolver o problema do analfabetismo. Segundo o IBGE[1], o índice nacional de analfabetismo em 2003 era de 11,6%, incluídas as pessoas de 15 anos ou mais.

A matrícula no Ensino Fundamental vem crescendo, de modo que é possível esperar uma redução do analfabetismo nos próximos anos, isto se as escolas se tornarem mais eficientes, e se os índices de evasão escolar diminuírem, pois há crianças que deixam a escola depois de dois ou três anos de estudo, sem terem conseguido aprender a ler e escrever razoavelmente.

A situação do analfabetismo varia conforme a região do país e a zona (rural ou urbana). Existem ainda municípios brasileiros que têm porcentagens de mais de 50% de analfabetos, enquanto há outros em que essa taxa não chega a 10% (MEC/Inep, 2003).

Entre as condições sociais que explicam a persistência do analfabetismo no limiar do século XXI, podemos destacar: pobreza e desemprego, que impedem as famílias de mandarem seus filhos à escola, ou mantê-los ali; trabalho infantil (dentro e fora de casa); qualidade insatisfatória de alguns sistemas educacionais e escolas municipais e estaduais; confusão entre *campanha* (necessariamente emergencial e provisória) e *política de alfabetização* (que deve ser permanente).

Hoje, nos países em que o analfabetismo já está superado, espera-se que a escola desenvolva processos de letramento, isto é, forme indivíduos capazes de usar a leitura e a escrita para fins escolares, profissionais e culturais.

Não tendo ainda resolvido o problema da alfabetização universal de sua população, o Brasil tem que enfrentar novas exigências educacionais: formar

---

[1]. As taxas de analfabetismo estão decrescendo, ainda que lentamente. Em 1998, havia 13,8% de analfabetos maiores de 15 anos; em 1999, 13,3%; em 2000, 12,9%; em 2001, 12,4%; em 2002, 11,8%. Informações do site www.ibge.gov.br

indivíduos letrados. Como disse Soares (1998), ao explicar o surgimento da palavra *letramento* no vocabulário dos educadores:

> só recentemente passamos a enfrentar esta nova realidade social em que não basta apenas saber ler e escrever, é preciso saber fazer uso do ler e do escrever, saber responder às exigências de leitura e de escrita que a sociedade faz continuamente (SOARES, 1998, p. 20).

## Aprender a gostar de ler

Algumas pessoas criam gosto pela leitura pelo exemplo dos familiares, outras, por influência de professores ou por circunstâncias fortuitas de suas histórias de vida. No entanto, a formação de leitores em grande escala, via escola, só ocorrerá se houver uma política de leitura, traduzida na adequada formação de professores-leitores, na oferta abundante de bons e variados materiais escritos, e na instalação de bibliotecas e salas de leitura bem equipadas, dinamizadas por bibliotecários.

Não se ensina a gostar de ler por decreto, ou por imposição, nem se forma letrados por meio de exercícios de leitura e gramática rigidamente controlados. Para formar indivíduos letrados, a escola tem que desenvolver um trabalho gradual e contínuo.

Há muitas formas de ler, conforme os objetivos do leitor, a situação em que ocorre a leitura, o local, o tempo disponível, o material a ser lido etc. Além da leitura integral do texto, incentivada e mesmo exigida pela escola, os leitores experientes praticam outras modalidades de leitura: a seletiva, para rápida consulta de informações; *o passar os olhos* numa revista; a leitura descompromissada em que o leitor salta as páginas (de um romance, por exemplo) que não lhe interessam, a leitura deslinearizada do jornal, a leitura detalhada e pausada para fins de estudo, dentre outras.

A leitura seletiva é uma estratégia do leitor que tem a intenção de não ler tudo. É a forma de ler que julga pertinente para suas necessidades, numa dada situação. Isto que dizer que ele procura alguma coisa enquanto lê. A leitura seletiva não é ensinada na escola, mas os alunos terminam por desenvolvê-la intuitivamente, ao procurar respostas para um questionário, por exemplo.

O gosto pela leitura pode ser cultivado desde a alfabetização. Michel Dabene[2], pesquisador francês na área da leitura, sugere mostrar às crianças que saber ler é "fazer acordar as histórias" que dormem nos livros. Atividades de leitura bem selecionadas mostram aos alunos que eles se alfabetizam para aprender, para divertir-se, e para fins práticos, como ler um cartaz, um aviso. Essa sensibilização deve ser acompanhada de atividades de leitura livre, não

---

**2.** Anotações de uma conferência de Michel Dabene, no Rio de Janeiro.

guiada. As diferentes hipóteses de leitura (memorização de texto, adivinhação do que pode estar escrito, invenção de história a partir da gravura) podem ser feitas desde muito cedo. A criança vai se enganar, compreender mal, não importa, diz o autor. *O importante é o que ela faz para entender bem.*

Dabene destaca as condições de êxito da aprendizagem:

1) Valorizar a oralidade da criança e sua cultura fora da escola, que não deve ser encarada como uma subcultura.

2) Formar um ambiente favorável à leitura e à escrita na escola, principalmente quando há desigualdades sociais. Organizar os cantos de leitura para atividades não guiadas, valorizar as situações espontâneas de leitura.

3) Lembrar que a escrita não é a transcrição do oral. Para a criança que começa a escrever, essa é uma das maiores dificuldades, pois *aprender a escrever não se resume a aprender a escrever o que se diz.* Aliás, o que se diz espontaneamente, quando é transcrito, parece extremamente cansativo e desagradável de ler. Alguns tentam, erradamente, ensinar a criança a falar como se escreve, ou a escrever como se fala. É preciso lidar com duas ordens diferentes, a da língua escrita e a da língua oral.

**Letramento escolar**

Para certas crianças, um problema de atraso ou insucesso na alfabetização logo se transforma numa dificuldade grave que as conduz a turmas diferenciadas, batizadas com nomes diferentes ao longo das décadas: *turmas de repetentes, de renitentes, classes de adaptação, classes de atrasados especiais, turmas de aceleração, turmas de progressão* etc. A possibilidade de retomar o fluxo normal da escolaridade, depois de ter feito parte dessas turmas, é remota, pois se por um lado os alunos "fracos" sentem-se diminuídos e desmotivados, as professoras que os recebem são muitas vezes inexperientes, recém-chegadas à profissão.

Um outro problema é o dos alunos que, mal ou bem, vencem a barreira da alfabetização inicial, mas não têm contatos suficientes com a escrita para se tornarem letrados, não ganham fluência, sentem aversão pela leitura. Suas dificuldades refletem-se em outras áreas do currículo. Forma-se um ciclo vicioso: a criança não lê ou não compreende o que lê, e não melhora na leitura porque ninguém a ajuda a superar essa dificuldade.

Quais os caminhos de que dispõe a escola para melhorar o processo de formação de leitores? Por que crianças com inteligência absolutamente normal desenvolvem uma relação penosa com a escrita? O que podemos esperar, em matéria de letramento, de uma pessoa que frequentou o Ensino Fundamental durante oito anos?

Para alfabetizar, letrando, deve haver um trabalho intencional de sensibilização, por meio de atividades específicas de comunicação, por exemplo: escrever para alguém que não está presente (bilhetes, correspondência escolar), contar uma história por escrito, produzir um jornal escolar, um cartaz etc. Assim a escrita passa a ter função social.

Na etapa de sensibilização, a criança deve ser ajudada para compreender as exigências das variações da escrita, de acordo com o gênero de texto, o leitor potencial, os objetivos do autor etc.

Sugerimos alguns tipos de textos, de uso corrente na vida social, que devem ser trabalhados ao longo do Ensino Fundamental, em diferentes projetos e em diferentes momentos:

1) Narrativas (histórias de autoria conhecida, ou não; contos de fadas; histórias do folclore, lendas; histórias de vida; "casos" da vida cotidiana).

2) Listas (de compras, de coisas a fazer, de heróis favoritos, de personagens, de meninos e meninas, de brincadeiras etc.).

3) Poemas (para serem aprendidos de cor, para serem recitados ou lidos silenciosamente).

4) Receitas de cozinha (receitas simples e econômicas podem eventualmente ser preparadas na escola).

5) Quadrinhos (crianças não só leem mas produzem suas próprias histórias).

6) Bilhetes, cartas e telegramas.

7) Convites (para festas escolares, exposições, reuniões de pais).

8) Cartazes, textos de propaganda (para promover campanhas).

9) Agendas e diários (textos de natureza íntima).

10) Textos didáticos (de Português, Matemática, Estudos Sociais, Ciências etc.).

11) Reportagens (sobre o que está ocorrendo na escola, no bairro, na cidade).

12) Relatórios de visitas ou de pesquisa.

13) Documentos da vida cotidiana (cheques, requerimentos, certidões, formulários etc.).

14) Bulas (de remédios de uso comum).

15) Normas e instruções (como montar um brinquedo, organizar um jogo, etc.).

## O que se pode observar em cada tipo de texto

• A situação social em que o texto foi ou será usado: uma carta ou bilhete; um convite; um artigo ou uma reportagem, um requerimento, uma certidão, uma lista etc. aparecem em contextos sociais diferentes.

• O local ou locais em que o texto foi ou será encontrado: na rua, na escola, no jornal, no mercado, no tribunal, na televisão etc.

• A "silhueta" do texto. As formas gráficas de uma receita de cozinha, de um poema, de uma lista são diferentes.

## Aspectos a ressaltar quando se apresenta um texto aos alunos

• O autor: Nem todos os textos têm autoria declarada. Nos jornais, por exemplo, apenas uma parte dos escritos são assinados. No caso de textos que possuem um autor declarado (como é o caso da maioria dos livros), interessa saber quem é ele, quando e onde escreve ou escreveu, o que se sabe sobre suas ideias, a quem se dirige etc.

• Os objetivos do autor: um texto pode ser escrito para informar, dar notícias, distrair, fazer rir, argumentar, convencer, discutir um problema, narrar um acontecimento, expressar ideias, vender um produto, apresentar propostas etc. O que sabemos sobre a intenção do autor (ou autores) ao escrever o texto que estamos examinando?

• O assunto: Em certos casos, é preciso conhecer algo sobre o assunto do qual o texto trata para poder compreendê-lo.

• O título: existe um título? Se existe, o que o título nos permite prever sobre o conteúdo do texto?

• O gênero: trata-se de um artigo, uma crônica, uma reportagem, um poema, uma carta ou o quê? Cada um desses gêneros de texto tem suas próprias convenções. O que sabemos sobre o gênero em questão? A organização do texto é muito importante. O que é que faz com que uma sequência de frases forme um texto? Na maioria dos casos de dificuldades de leitura, a criança compreende cada frase isoladamente, mas não o texto. A escola não ensina como o texto é elaborado.

## Conclusão

Proponho fazer a criança trabalhar desde cedo com textos variados, mas familiarizar-se com a diversidade textual não é trabalho para apenas um ano letivo, é tarefa que se estende por todo o ensino básico.

Tornar-se letrado, ou formar-se leitor, é aprender sobre autores, seus modos de pensar, intenções, interlocutores, ideias e valores; é aprender sobre gêneros, sobre a forma pela qual os textos se organizam, a partir do título, obedecendo a certas convenções, e desdobrando-se parágrafo por parágrafo para exprimir ideias. É principalmente aprender a dialogar com os autores, refletindo sobre o que eles nos dizem e comparando as suas com as nossas próprias ideias.

Quem sabe, um dia, as crianças e jovens brasileiros poderão estudar e aprender conteúdos por meio da leitura e ainda usufruir com alegria dos *direitos dos leitores*, dentre os quais, *o direito de reler; o direito de amar os heróis do romance; o direito de ler não importa onde; o direito de saltar de livro em livro* e até mesmo *o direito de não falar do que se leu* (PENNAC, 1992).

**Referências bibliográficas**

MINISTÉRIO DA EDUCAÇÃO/Instituto Nacional de Pesquisas Pedagógicas Anísio Teixeira. *Mapa do analfabetismo*, 2003 [s.n.t.].

PENNAC, Daniel. *Comme um roman*. Paris: Gallimard, 2001.

SOARES, Magda. *Letramento:* um tema em três gêneros. Belo Horizonte: Autêntica, 1998.

_____. *Letramento e alfabetização: as muitas facetas* [Trabalho apresentado na 26ª Reunião Anual da Associação Nacional de Pós-graduação e Pesquisa em Educação – Poços de Caldas, 7 de outubro de 2003].

# 7
## Espaços de letramento escolar: a sala de aula e a sala de leitura

Realizamos uma pesquisa-ação[3] numa escola municipal de 1ª a 4ª séries, no Rio de Janeiro, observando atividades de leitura e produção de texto nas salas de aula, trabalhando com os alunos na sala da leitura e discutindo com as professoras as práticas pedagógicas do ensino de Língua Portuguesa. Nossas principais parceiras foram duas professoras formadas em Letras, dedicadas, interessadas no progresso das crianças, que nos convidaram a pesquisar em suas turmas.

Nosso objeto de pesquisa era o letramento escolar, entendido como o conjunto de atividades, práticas pedagógicas, recursos e materiais didáticos relacionados com a leitura e a escrita. Interessamo-nos também pelas normas, proibições, valores e atitudes manifestados pelas professoras em relação ao ensino da Língua Portuguesa.

Tomamos como pontos de observação as salas de aula e a sala de leitura, e buscamos comparar o que se fazia em cada um desses espaços educativos. Considerando que a sala de leitura poderia ter importância especial para a formação de leitores, dedicamos atenção especial ao estudo de suas condições de funcionamento. – Que lugar ocupava na escola, quais as funções principais e secundárias de que estava investida? De que forma era utilizada por alunos e professores? Quem era responsável pela sala e como se desincumbia da tarefa?

Em relação aos usos e funções da sala de leitura, houve três diferentes fases. À época do início da pesquisa, tendo perdido sua função original, a sala

---

**3.** A pesquisa "Práticas de leitura e produção de texto no Ensino Fundamental", coordenada por Ana Maria Cavaliere, Lilian Ulup e Marlene Carvalho (CAVALIERE et al., 1999), desenvolveu-se entre 1997 e 1999, com a participação de alunas de graduação e pós-graduação. Os trechos de diário de campo são de autoria de Flávia de Paiva S. Góes, aluna de graduação em Pedagogia da Faculdade de Educação da UFRJ e membro da equipe de pesquisa.

havia sido transformada em depósito de livros e de material imprestável, e era ocasionalmente usada para os alunos assistirem televisão e vídeo.

Numa segunda fase, houve grandes e positivas transformações: uma professora com experiência de salas de leitura foi designada para a escola, passando a receber alunos para leitura livre, contação de histórias, empréstimo de livros, além de colocar-se à disposição das professoras para sugerir atividades didáticas inspiradas em livros selecionados.

Num terceiro momento, a responsável pela sala foi afastada de sua função e teve que assumir uma turma. Pouco a pouco, a sala de leitura esvaziou-se de seu novo sentido e retornou à função inicial de depósito de livros e sala de televisão.

Nas seções seguintes apresentamos as observações sobre a leitura nas salas de aula e as atividades da sala de leitura, concluindo com uma discussão a respeito do papel que caberia a esta última no cenário do Ensino Fundamental.

**A leitura na sala de aula**

> Ao chegarmos à sala da 4ª série, a turma estava dividida em grupos de quatro, algumas crianças acompanhavam a leitura (da professora) em seus livros, ou junto com outro colega (nem todos haviam comprado o livro). Outras apenas ouviam, mas grande parte já estava distraída, conversando baixinho ou mexendo em objetos sobre a mesa. [...] A atividade já durava algum tempo e a hora do recreio se aproximava. Às vezes, a professora interrompia a leitura, esmiuçava o trecho que acabava de ler, na tentativa de "traduzir" o que poderia ser considerado difícil. Buscava também a participação da turma na interpretação de palavras ou trechos, mas nem sempre explorava as opiniões dos alunos. Ao finalizar a leitura, a professora partiu imediatamente para o destaque dos termos não compreendidos, escrevendo-os no quadro-negro e pedindo que as crianças procurassem seus significados no dicionário. Lembrou que era necessário adequar o significado ao contexto da leitura; os significados considerados mais adequados foram escritos pela professora ao lado da palavra correspondente. Em seguida, a professora elogiou as crianças que haviam procurado em casa o sentido das palavras mais difíceis. Avisou que para a próxima semana deveriam procurar em casa o significado de cada palavra sobre a qual tivessem dúvidas.

Esse trecho do diário de campo ilustra os procedimentos didáticos típicos de aulas de leitura para a 3ª e 4ª séries. As rotinas incluíam a leitura em voz alta pela professora, acompanhada silenciosamente pelos alunos nos seus próprios livros, os comentários interpretativos da professora e a consulta dos alunos ao dicionário como coroamento da lição de leitura.

A procura do significado de *todas as palavras desconhecidas* no dicionário, visando não só à compreensão imediata, a curto prazo, mas também o enriquecimento do vocabulário, era ponto de honra das professoras, mas causava dificuldades para as crianças, pois justamente por não serem leitores autônomos eram geralmente incapazes de perceber qual das várias acepções de um vocábulo era adequada ao contexto. A maioria tinha dificuldades para usar com proveito o dicionário, então poucos alunos se animavam a prosseguir na atividade e a resposta final sobre o sentido do termo procurado era dada pela professora.

As estratégias de inferir o significado de um vocábulo pelo contexto linguístico ou por outras pistas sugeridas pelo autor não eram ensinadas às crianças, possivelmente porque as próprias professoras as desconheciam, ou porque julgavam que o procedimento correto era lançar mão do dicionário logo que uma dúvida se manifestasse.

Dos relatórios parciais e do diário de campo, podemos inferir a forma pela qual as professoras concebiam o papel da leitura. Dirigindo-se ora aos alunos, ora às duas pesquisadoras que haviam desenvolvido atividades de leitura e escrita na sua turma, durante um semestre letivo, uma professora avalia o que foi alcançado e dá conselhos às crianças. Eis um trecho de sua fala:

> [...] é bom que vocês (os alunos) desenvolvam esse hábito de ler, qualquer coisa que seja, tanto faz livros como revistas, jornais, mas que vocês tenham esse hábito de leitura. Aqui, elas (as pesquisadoras) trabalharam mais diretamente com os livros, que também são muito importantes. Além de serem bons para contar histórias, de serem engraçados, também podemos, através dos livros, ter conhecimento das coisas.
>
> (dirigindo-se às pesquisadoras) Então essa é uma das coisas mais importantes do trabalho que vocês desenvolvem, a questão de criar hábitos de leitura. Os alunos realmente melhoraram o hábito porque tiveram oportunidade de estar com os livros à mão, né? pra poder fazer a escolha, de poder levar os livros para casa. Então, é realmente muito importante esse hábito, esse gosto, despertar. Que vocês (alunos) permaneçam com esse hábito, no sentido que não só na escola mas em outros lugares que vocês forem, vocês vejam os livros, que vocês tenham o hábito de comprar livros. E a leitura desenvolve muito o crescimento, o crescimento cultural que a gente tem, a gente passa a fazer as coisas com muito mais facilidade se a gente tem o hábito de ler, se a gente lê com facilidade, a gente vai ter possibilidade de fazer mais trabalhos, de falar melhor, né? Então tudo isso vai acontecendo decorrente da leitura.

A fala bem-intencionada da professora oferece uma síntese dos objetivos que são buscados no "trabalhar com leitura". A professora valoriza o gosto pela leitura, recomenda às crianças que desenvolvam o hábito de ler, porque é útil para o crescimento cultural, para fazer trabalhos escolares, permite falar melhor etc. Mas esses gostos e hábitos adquiridos estão associados à possibilidade de ter contato com materiais e pessoas que introduzam as crianças ao mundo da escrita, em outras palavras, estão relacionados com as condições sociais e materiais de vida das pessoas. Os alunos da escola em questão são muito pobres, não podem criar o *hábito de comprar livros*, e não frequentam bibliotecas (embora haja duas bibliotecas públicas no bairro em que está situada a escola).

Na fala da professora, além da referência ao hábito de ler, há elementos do discurso sobre a importância da literatura, a que se refere Martins (1989):

> No âmbito escolar, o discurso sobre a importância da literatura e da formação do hábito de ler se transforma em prática pedagógica que, em geral, não abre espaço para refletir e discutir sobre a natureza e o desenvolvimento do processo de atribuição de sentido a um texto. E, embora se consiga ultrapassar o ato mecânico de decodificação do signo linguístico, dificilmente são criadas condições para a formação de leitores efetivos. Muito menos se indaga a respeito da peculiaridade da recepção de textos pelas crianças (MARTINS, 1989, p. 25).

Paradoxalmente, as atividades didáticas propostas pela mesma professora são rotineiras e parecem não contribuir para os objetivos anunciados na sua fala. As crianças, alfabetizadas penosamente, leem e escrevem com muita dificuldade, e por volta da 4ª série mal são capazes de escrever um bilhete de algumas linhas, e não sabem usar a leitura para estudar.

Uma atividade típica das aulas de Língua Portuguesa é usar o texto como pretexto para o estudo da gramática, prática criticada por Geraldi (1997). O autor afirma que a produção de textos – e não o ensino de gramática normativa – deve ser o ponto de partida e de chegada de todo o processo de ensino/aprendizagem da língua.

> Confunde-se estudar a língua com estudar Gramática, e a gramática, tal qual de ordinário se cursa nas escolas, não só não interessa à infância [...] quanto aos benefícios que se lhe atribuem, se reduz a uma influência totalmente negativa, senão que onde atua positivamente, é como elemento de antagonismo ao desenvolvimento intelectual do aluno (GERALDI, 1997, p. 119).

Batista (1998) procura explicar a preocupação dos professores em usar a leitura de maneira pragmática, como ponte para a aquisição de conteúdos dos programas curriculares. Apresentando resultados de pesquisa com professores de Língua Portuguesa de Minas Gerais, afirma que muitos são, nas respectivas famílias, os primeiros indivíduos a usufruírem uma longa escolaridade. Seu capital cultural é portanto modesto, tiveram pouco acesso a livros e jornais, raramente frequentaram bibliotecas. Foi na escola que se formaram como leitores, portanto, ali foram expostos à "didatização da leitura" que reina nas instituições escolares. Na vida profissional, esses professores vão repetir os modelos de leitura a que foram submetidos, ou seja, adotam práticas escolares que valorizam "o conteúdo" dos textos, enquanto que as práticas não escolares "acentuam a gratuidade, o desinteresse e a autonomia do leitor". Afirma Batista (1998, p. 50):

> [...] tendo desenvolvido sua formação como leitores dependentes da escola, os professores devem à escola os instrumentos com base nos quais se apropriam dos textos, mesmo que as situações de leitura sejam não escolares. Suas leituras são, desse modo, marcadas pela não gratuidade, orientadas pela busca de um aprendizado ou ensinamento...

Os achados de Batista confirmam-se na pesquisa que realizamos e nos ajudaram a compreender as atitudes das professoras que observamos. Elas investem na profissão, empenham-se em ensinar, acreditam no valor e na importância da escola pública, esforçam-se de todas as maneiras para ajudar as crianças, mas, mesmo diante da evidência do fracasso escolar constante, não modificam sua postura muito tradicional em relação à leitura e à escrita, e mostram-se incrédulas quanto à necessidade de experimentar novas abordagens. Não estão contribuindo para a formação de leitores, e possivelmente nem para a assimilação de conteúdos curriculares. Em suma, repetem sua própria experiência de formação de "leitores escolares", isto é, a escola não apenas reproduz a cultura e a estrutura, como disse Bourdieu (1975), mas também reproduz infinitamente a si mesma.

## A leitura da sala de leitura

Ao iniciar a pesquisa-ação, encontramos a sala de leitura trancada, reduzida à condição de depósito de livros, centenas deles amontoados sobre mesas e estantes precárias. Um armário continha materiais didáticos de matemática, em bom estado mas não utilizados, como *réguas Cuisinaire e material dourado*[4], além de livros novos, enviados pela Secretaria Municipal de Educação, ainda não registrados (a prática da escola consistia em registrar os livros num caderno de capa dura). No centro da sala, num pequeno espaço livre, viam-se algumas cadeiras colocadas em fila, diante de um aparelho de televisão, um vídeo e um aparelho de som. Pelos cantos, mapas velhos enrolados, fantoches e brinquedos em mau estado, restos de "experiências científicas", papéis e lixo.

Oficialmente, havia uma professora responsável pela sala de leitura, mas que de fato desempenhava tarefas administrativas; na prática, não havia quem se ocupasse daquele espaço. Quando uma das professoras deseja-

---

[4]. Material concreto para objetivar noções matemáticas.

va levar os alunos para ver televisão, retirava a chave da sala que era guardada na secretaria.

Do nosso diálogo com as professoras, nasceu o desejo de recuperar a sala de leitura cujas funções estavam desvirtuadas. Nossa equipe propôs à direção limpar, reorganizar e dinamizar aquele espaço, o que nos foi concedido, embora com alguma relutância. Pretendíamos começar as atividades em parceria apenas com as duas professoras, com quem havíamos iniciado a pesquisa-ação, e mais tarde abrir a sala para toda a escola.

O acervo era variado, de boa qualidade, e muito representativo da literatura infantil nacional. Começando com autores dos anos de 1930 e 1940, havia obras de Lobato, Viriato Correa, Ofélia e Narbal Fontes, Cecília Meireles, e livros recentes dos autores mais reputados como Ana Maria Machado, Ruth Rocha, Sílvia Orthoff, Bartolomeu Campos de Queirós, Ligia Bojunga e outros. Um pequeno número de obras destinadas a professores, livros de referência e de consulta completavam o acervo.

Em algum momento, os livros tinham sido catalogados e na maior parte deles havia fichas de empréstimo colocadas nas respectivas capas. Um exame do material acumulado deixava entrever fases diferentes do uso da sala: livros escritos e ilustrados à mão, nos anos de 1960 ou 1970, por uma bibliotecária ou professora criativa; fantoches e máscaras que haviam servido para dramatizações infantis, ao lado da presença poderosa da televisão, do vídeo e do aparelho de som, no lugar de honra, que constitui a marca dos anos de 1990.

Limpa e organizada a sala pela equipe de pesquisa, começamos a realizar atividades de leitura e produção de textos. Que mudanças buscamos instaurar em relação ao que tínhamos observado? Quais foram nossos pressupostos? Com que modelo de leitura estávamos trabalhando?

Em primeiro lugar, buscávamos uma forma de ressignificar a leitura para as crianças, tornando-a menos "escolar" e mais voltada para a interação entre a criança e o livro. As crianças tinham livre acesso às estantes, podiam escolher os livros, lê-los ou apenas olhar as ilustrações, partilhar o livro com um amigo, iniciar uma leitura para logo depois interrompê-la. Muitas crianças ficaram eufóricas nas primeiras vezes em que entraram na sala de leitura, devido principalmente à falta de familiaridade com a situação e à excitação da descoberta de tantos livros coloridos, atraentes, mas os limites foram respeitados e não houve danos ao acervo.

Em relação às atividades de leitura desenvolvidas, buscamos principalmente criar espaços para a expressão de preferências dos leitores, para o prazer de ouvir a leitura de histórias, para livre atribuição de sentidos aos textos literários e para a formação de "redes" para empréstimo de livros, e troca de opiniões e comentários entre leitores. Convidamos as duas professoras, a quem estou chamando nossas parceiras, para assistirem as atividades, trocamos ideias e tentamos criar uma ponte entre as atividades da sala de leitura e as da sala de aula. Houve alguma interação, mas também muita dificuldade para estabelecer um diálogo mais aprofundado, tanto por motivos práticos – falta de tempo, dupla matrícula das professoras – quanto por divergências conceituais. À época, pensávamos que essas divergências poderiam ser resolvidas à medida que o trabalho avançasse, mas elas se revelaram mais profundas do que esperávamos.

Embora tivéssemos tornado o local atraente e organizado, de fato não podíamos manter a sala permanentemente aberta, em regime de funcionamento regular, disponível para todas as turmas da escola. As professoras não tomavam iniciativa de frequentar a sala, a não ser eventualmente, para os alunos assistirem televisão. Nossa presença na escola não era suficiente para atender a todas as turmas; para que isso fosse possível, era preciso que fosse designada uma professora responsável pela sala, o que finalmente veio a ocorrer.

Com vasta experiência anterior de sala de leitura, a responsável decorou a sala, limpou e reorganizou o acervo, fez reuniões com o corpo docente, ofereceu-lhe seus préstimos para procurar material para as "pesquisas escolares", estabeleceu um cronograma para atender às turmas. Apresentou um plano anual de trabalho, ligado às comemorações de datas especiais, que ocupam lugar importante na rotina do Ensino Fundamental: Dia das Mães, do Índio, da Árvore, do Folclore etc. Para esses eventos, ofereceu assessoria, sugeriu e forneceu textos. A sala de leitura passou a ficar aberta durante o recreio, para acolher as crianças que desejassem ver televisão, ler ou levar livros emprestados.

Embora alguns alunos pré-adolescentes tentassem desafiar as regras de convivência estabelecidas pela responsável – zelo com os livros, proibição de comer, gritar e correr – fato é que as reações dos alunos foram, em geral, muito positivas. Os empréstimos de livros se multiplicaram, a responsável estava sempre cercada de crianças curiosas e o ambiente agradável da sala de leitura era nitidamente diferente do restante da escola, tanto do ponto de vista material quanto da atmosfera social.

Esta situação aparentemente ideal não tardou a ser perturbada por problemas de duas ordens: administrativa e interpessoal.

Em primeiro lugar, duas turmas ficaram temporariamente sem professoras e a Secretaria Municipal de Educação (SME) determinou que a responsável pela sala de leitura assumisse uma delas. Isso lhe causou grande desapontamento, pois significava prejudicar todo o trabalho. Além do mais, tratava-se de uma turma de 1ª série, e ela não tinha experiência de alfabetização. Ainda assim, assumiu a tarefa, contando que seria liberada em breve. Efetivamente o foi, mas, logo a seguir, ordenaram-lhe que assumisse outra turma. Nova decepção, nova acomodação, outras responsabilidades. Nos intervalos dessas idas e vindas, a sala de leitura perdeu sua atmosfera de ordem e asseio, ficou novamente suja, com lixo pelo chão, as cadeiras dispostas em frente à televisão, os livros desorganizados. A responsável tentou mais uma vez recuperar a sala de leitura, mas já então suas relações interpessoais com as colegas apresentavam problemas.

De que se queixava a responsável e que pontos de atrito apareceram?

De modo geral, a responsável achava que as colegas não respeitavam nem valorizavam seu trabalho. Aceitavam sua presença apenas porque queriam gozar de algum tempo livre enquanto suas turmas tinham atividades programadas na sala de leitura; não obstante vários convites, não assistiam a essas atividades. Na ausência da responsável, voltavam a usar o espaço exclusivamente como sala de televisão e vídeo, sem dar continuidade ao trabalho com leitura; não controlavam o comportamento dos alunos, que ocasionalmente sujavam a sala, desarrumavam as estantes e danificavam o acervo.

Vivendo uma situação de grande mal-estar profissional, a responsável refugiou-se numa atitude defensiva, declarando que daí por diante iria limitar-se "a cumprir suas obrigações", sem mais esperança de envolver a comunidade no processo de fazer da sala de leitura um espaço educativo no qual as crianças aprendessem a gostar de ler.

De que maneira nós, da equipe de pesquisa, nos situamos em relação a esses problemas? Um impasse havia nascido entre a professora da sala de leitura e suas colegas e percebemos ali a repetição de fatos que ocorreram ao longo da pesquisa. Embora as circunstâncias fossem muito diferentes, pois tínhamos relações cordiais e de respeito mútuo com nossas interlocutoras, estas também prosseguiam suas atividades sem estabelecer elos com nossas tentativas de renovação da didática da leitura e escrita. Havia ali um padrão recorrente: o que se fazia na sala de leitura não encontrava eco na sala de aula, pois se tratava de um outro modo de entender, trabalhar, usar e propor a leitura. Em consequência, dificilmente a escola reconheceria a sala de leitura como um espaço educativo importante, em que aconteceria uma iniciação à leitura mais produtiva e enriquecedora, para crianças de condição social muito modesta, que pouca familiaridade tinham com livros, não frequentavam livrarias nem bibliotecas. Pela via da literatura infantil, havíamos esperado criar um tipo de relação com os livros mais aberta. Nossa atividade de pesquisadoras sobre leitura nos levava a esperar muito desta sala, mas constatamos que nem a existência de condições materiais adequadas, nem a chegada de uma experiente e entusiasmada responsável eram suficientes para mudar pontos de vista profundamente arraigados.

Mais uma vez transcrevo um trecho do diário de campo:

> Ao chegarem à sala de leitura, os alunos foram logo se sentando nas cadeiras enfileiradas de frente para os aparelhos de televisão e vídeo. Após alguns minutos de burburinho, conversamos sobre as mudanças que estavam ocorrendo na sala de leitura: organização prejudicada, empréstimo/devolução praticamente estagna-

dos, afastamento da professora X (a responsável pela sala) das atividades que até então vinha desenvolvendo com as turmas da escola. Explicando que a professora X tinha assumido o lugar de uma professora em licença, informamos que a sala de leitura voltaria a funcionar assim que o problema fosse solucionado. E... numa tentativa mais simbólica do que eficaz de preservar a sala de leitura, pois estávamos cientes de que para funcionar plenamente uma sala de leitura precisa mais do que "aparências", pedimos aos alunos que rearrumassem as mesas e cadeiras em grupos, como estavam originalmente.

## Conclusão

Aparentemente, a sala de leitura não era reconhecida pela direção e pelo corpo docente como um espaço educativo importante, próprio para estimular o gosto pela leitura e facilitar o acesso ao conhecimento numa escola frequentada por alunos de condição social muito modesta. Ao contrário, o trabalho realizado pela responsável pela sala era considerado de importância menor, espécie de atividade complementar ou forma de recreação, durante a qual a professora da turma ficava liberada para cuidar de outros afazeres. A própria Secretaria Municipal de Educação confirmava essa impressão, na medida em que interrompia o trabalho da profissional a qualquer momento em que houvesse falta de professores, o que é uma constante no ensino municipal. Do ponto de vista pedagógico, as professoras e a responsável pela sala de leitura tinham opiniões diversas a respeito do que se deve ler, de que maneira, e com que objetivos. As práticas de letramento escolar – leitura centrada na decifração, leitura de fragmentos de texto, uso do texto como pretexto para o ensino de gramática – entravam em choque com a proposta de facilitação da leitura independente, autônoma e prazerosa, centrada na construção de significados, que era prevalecente na sala de leitura, e defendida não só pela responsável por esta quanto pela equipe de pesquisa sobre letramento.

Comparando o que se fazia nas salas de aula e o que se propunha na sala de leitura, constatamos que nesta última havia uma outra postura em relação "aos direitos dos leitores": estímulo à leitura de livros escolhidos pelas próprias crianças, liberdade para comentar, ou não, o que haviam lido, sem ter que responder a exercícios e questionários; possibilidade de confrontar sua leitura com a de outros colegas, além do prazer de ouvir histórias e ler poesia. Suponho que, para o sucesso de uma sala de leitura, é preciso que não haja tamanhas diferenças entre o que se realiza ali e o que se pratica nas salas de aula, mas isso é mais fácil de dizer do que de alcançar.

A chamada "leitura escolar" tem sido objeto de estudo de vários linguistas, entre os quais Kleiman (1989; 1992; 1995). Ensinar a ler com compreensão, segundo a autora, não significa impor uma leitura única, aquela do professor – como já descrevemos anteriormente neste trabalho –, pois a compreensão é altamente subjetiva e cada leitor aborda o texto a partir de sua experiência de mundo, seu conhecimento do assunto, seu momento existencial. Isso, no entanto, não significa que não há nada a ser ensinado quando se ensina a leitura. Muito ao contrário, uma compreensão teórica do ato de ler e algum conhecimento de linguística são, para Kleiman, indispensáveis ao professor. A autora sugere:

> Para criar essa atitude (de busca da compreensão) frente ao texto devemos, por um lado, sensibilizar a criança para os traços linguísticos que servem de suporte à reconstrução do quadro referencial proposto pelo autor, isto é, aqueles traços que salientam, hierarquizam informações, e que funcionam no nível macroestrutural de texto, como macroconectivos, ou predicações que marcam a linha temática. Por outro lado, mais importante é criar condições na sala de aula para que a criança interaja globalmente com o autor via texto.

Ainda segundo Kleiman (1989, p. 151-155), "as práticas mais comumente usadas em sala de aula são inibidoras do desenvolvimento da capacidade de compreensão", a saber:

> a leitura em voz alta para verificar se houve compreensão; a leitura sem orientação prévia e sem objetivo definido; as práticas de leitura que visam a automatismos e não criam condições para que a criança reconstrua o sentido global do texto; a escolha de livros didáticos cujos textos são falhos em matéria de coerência e legibilidade; as aulas centradas no ensino de vocabulário (um dos objetivos mais enfatizados da leitura escolar), obedecendo a princípios metodológicos inadequados e inconsistentes com o modelo de leitura como interação entre leitor e autor via texto.

Kleiman sugere que o ensino de leitura deve ter alguma forma de sistematização e intervenção do professor, baseada em pressupostos teóricos bem fundamentados, pois não bastaria deixar o aluno entregue à própria sorte, construindo livremente seu repertório de leituras, na expectativa de que, em certo momento de sua trajetória, fosse transformado magicamente em leitor proficiente. A intervenção inteligente do professor no processo de formação de leitores passaria por diversos pontos, incluindo a escolha de textos que reunissem condições de coerência, alto grau de legibilidade e interesse dos pequenos leitores; o ensino de estratégias de predição de significado; a adaptação do modo de ler (leitura oral ou silenciosa, leitura intensiva e detalhada ou leitura superficial, rápida etc.) aos objetivos do leitor em determinada ocasião. Nesse ponto, esbarramos no problema, já bastante debatido, da precária formação do professor, de sua escassa familiaridade com a leitura, da sua descrença em relação a propostas didáticas que estão na contramão de sua própria experiência de leitores "escolares".

Retomando a questão inicial, tentei demonstrar que, quando existe um divórcio entre conceitos de leitura em curso na escola, a sala de leitura não ganha *status* de espaço educativo importante, nem é apoiada pela direção e pelo corpo docente, que deveriam partilhar a responsabilidade pela sua dinâmica e preservação. Assim, permanece como uma espécie de apêndice irrelevante da vida escolar "séria".

Chartier & Hébrard (1995) mencionam as diferenças entre os discursos sobre a leitura oriundos da Igreja, dos pedagogos e dos bibliotecários. A Igreja Católica desejava que o povo tivesse acesso à leitura, mas com moderação e prudência, pois textos mal escolhidos trazem consigo o perigo de perversão moral. A instituição escolar tinha por objetivo instruir, difundindo a leitura útil e instrutiva para formar bons cidadãos republicanos. Em contraste, o discurso dos bibliotecários enfatizava a liberdade de escolha do leitor, o direito à leitura prazerosa, a necessidade de transformar o caráter sisudo das bibliotecas, tornando-as atraentes, coloridas, lúdicas. Creio que esse conflito de concepções de leitura observado na França permanece latente no Brasil, mas nossas escolas podem preservar seus objetivos de informar e instruir por meio da leitura, ao mesmo tempo permitindo que outros modos de ler sejam experimentados e estimulados no espaço escolar.

Assim, este texto termina com poucas respostas e algumas perguntas. Por exemplo, quais são os objetivos reais da Secretaria Municipal de Educação ao criar salas de leitura? O que se espera das professoras responsáveis por essas salas? Devem permanecer à disposição da Secretaria para preencher lacunas do quadro do magistério ou esta é uma decisão equivocada? É possível criar salas de leitura efetivamente integradas à vida escolar, como espaço de enriquecimento da leitura de alunos e professoras? Que condições seria preciso reunir para que essa proposta se tornasse realidade?

Evidentemente, o primeiro passo seria discutir com as professoras o que efetivamente esperam da sala de leitura, trazendo à tona a questão da existência de propostas conflitantes no terreno da leitura escolar e não escolar. A criança, leitora ou não, também deveria ser ouvida nesse debate.

Penso que, além do investimento em livros e material audiovisual, que efetivamente tem sido realizado pela SME, seria preciso investir ainda e sempre na formação inicial e continuada de professores, ao mesmo tempo em que lhe fossem garantidas condições dignas de trabalho para que tivessem tempo, recursos financeiros e opções de acesso a bens culturais para se tornarem leitores.

As salas de leitura merecem ter tratamento privilegiado das autoridades, tanto do ponto de vista da reposição e atualização do acervo, quanto do respeito aos que ali trabalham, os quais não deveriam ser afastados de suas funções para substituir colegas licenciados. A descontinuidade das atividades é fonte de perturbação dos responsáveis e usuários da sala de leitura e reforça a impressão de que esta constitui um mero apêndice da vida escolar.

Sem ignorar o fato lastimável de que a maioria das escolas não dispõe de espaços para atender a várias necessidades das crianças e professores, e mesmo os pátios destinados à recreação são inadequados ou insuficientes, seria preciso repensar os usos da sala de leitura, pois quando ela se torna, ao mesmo tempo, sala de vídeo e de televisão, lugar de reunião de professores, local para onde são encaminhadas as crianças que não suportam permanecer na sala de aula, depósito de material etc., as lógicas das diferentes atividades e destinações entram em conflito, prejudicando a finalidade principal. A situação de usos extemporâneos da sala de leitura não é exclusiva da escola observada: ao discutir as práticas discursivas de formação do sujeito-leitor, Micarello (2000) menciona que, em uma das escolas pesquisadas, uma parte do espaço da biblioteca era usada como consultório dentário.

Proponho que a sala de leitura seja um local de consulta, de estudo e de entretenimento para a comunidade escolar; seja dirigida por uma professora especializada, em tempo integral, cujo trabalho possa ser articulado com as atividades de sala de aula; deve estar localizada em um espaço próprio, amplo, atraente e agradável, que ofereça condições satisfatórias para a guarda do acervo e de conforto para os leitores. Essas transformações dependeriam de recursos financeiros? Sim, mas não se pode oferecer educação de qualidade a preço vil.

Como disse o sempre atual Anísio Teixeira (1994, p. 175) na sua defesa da escola pública de qualidade: "Não se pode fazer educação barata – como não se pode fazer guerra barata. Se é a nossa defesa que estamos construindo, o seu preço nunca será demasiado caro, pois não há preço para a sobrevivência".

**Referências bibliográficas**

BATISTA, Antonio A. Gomes. Os professores são não leitores? In: MARINHO, Marildes & SILVA, Ceris Salete R. da (orgs.). *Leituras do professor*. Campinas: Mercado das Letras/Associação de Leitura do Brasil, 1998.

BOURDIEU, Pierre & PASSERON, Jean-Claude. *A reprodução* – Elementos para uma teoria do sistema de ensino. Rio de Janeiro: Francisco Alves, 1975.

CHARTIER, Anne Marie & HÉBRARD, Jean. *Discursos sobre a leitura – 1880-1980*. São Paulo: Ática, 1995.

GERALDI, João Wanderley. *Portos de passagem*. 4. ed. São Paulo: Martins Fontes, 1997.

KLEIMAN, Angela (org.). *Leitura:* ensino e pesquisa. Campinas: Pontes, 1989.

_____. *Texto e leitor* – Aspectos cognitivos da leitura. 2. ed. Campinas: Pontes, 1992.

_____. *Os significados do letramento:* uma nova perspectiva sobre a prática social da escrita. Campinas: Mercado das Letras, 1995.

MARTINS, Maria Helena. *Crônica de uma utopia* – Leitura e literatura infantil em trânsito. São Paulo: Brasiliense, 1989.

MICARELLO, Hilda A. Linhares da Silva. *O professor alfabetizador e a formação do sujeito-leitor:* discursos na prática e práticas discursivas. Juiz de Fora: UFJF/Faculdade de Educação, 2000 [Dissertação de mestrado].

TEIXEIRA, Anísio. *Educação não é privilégio*. Rio de Janeiro: UFRJ, 1994.

# 8
## A audácia de Lula e as reações dos leitores

Em outubro de 2002, às vésperas do segundo turno da eleição para presidente, o então candidato Luiz Inácio Lula da Silva foi a um restaurante em companhia de amigos e colegas do partido e tomou o vinho francês Romanée-Conti, dividindo a preciosa e caríssima garrafa com as pessoas da comitiva. O assunto rendeu: houve jornalistas que se manifestaram contra Lula, dizendo que por sua condição de candidato dos trabalhadores não poderia ter feito aquela extravagância.

A propósito desse acontecimento, o jornalista Luis Fernando Veríssimo escreveu uma crônica intitulada A audácia (*O Globo*, 15/10/2002) que começava assim:

> Quem o Lula pensa que é, tomando Romanée-Conti? Romanée-Conti não é pro teu bico não, ó retirante. Vê se te enxerga, ó pau-de-arara. O teu negócio é prato feito, cerveja e olhe lá. Audácia!

Continuando nesse tom, Veríssimo usou frases contundentes, caricaturando preconceitos contra os pobres, os nordestinos, *a gentinha*, enfim, exagerando posições políticas de menosprezo ao povo que infelizmente não são novidade no Brasil. O que havia de novo é que essas frases, geralmente ditas em círculos de amigos íntimos, apareceram em destaque num jornal de grande circulação. Houve quem acreditasse que o cronista falava a sério.

A partir desse texto jornalístico, criou-se uma polêmica entre leitores, que enviaram mensagens eletrônicas para a Seção de Cartas do jornal. Por um lado, os que não entenderam a ironia do texto ficaram indignados por ter o cronista ofendido Lula, como o leitor que escreveu:

> A coluna de Veríssimo de 15/10 é um amontoado de besteiras preconceituosas contra o candidato do PT. Lula foi chamado de retirante, pau-de-arara, gentinha, pé-rapado brasileiro [...] Veríssimo cometeu discriminação quando o chamou de pau-de-arara e falou em "subir pelo elevador social" (*O Globo*, 17/10/2002).

Na mesma linha, outro leitor assim se manifestou:

> Como pode um escritor do quilate, do berço, da inteligência e da elite de Veríssimo escrever um texto racista e elitista como esse de 15/10? A humildade tem que fazer parte desse escritor, que exclui uma enorme parcela da sociedade das coisas mais finas que ele julga ser só para os ricos e só para ele.

No dia seguinte, nove leitores escreveram ao jornal, tomando a defesa do cronista. Declaram-se *surpresos, indignados,* ou *espantados* com o fato de algumas pessoas não terem percebido a intenção irônica do cronista. Houve quem mencionasse o atraso do nosso sistema educacional, incapaz de formar leitores que compreendam o fino humor de Veríssimo. Por coincidência, o artigo havia sido publicado no Dia do Mestre. De sua parte, o autor se desculpou, dizendo que seria sua obrigação (de jornalista) ser absolutamente claro. Acrescentou que deveria ter colocado um aviso: *atenção, ironias.*

Este episódio nos ensina muita coisa sobre leitura, letramento e as possibilidades e limites dos leitores em matéria de interpretação de textos.

Por que alguns leitores de um jornal de bom padrão, suficientemente letrados para tomar a iniciativa de escrever via internet para a Seção de Cartas de *O Globo*, não perceberam a ironia? Por que leram o texto ao pé da letra, não percebendo que a intenção do autor, ao fazer afirmações preconceituosas, era ridicularizar aqueles que haviam censurado Lula? Por que outros leitores leram nas entrelinhas e acharam óbvio que se tratava de um texto irônico?

Essas diferenças só podem ser explicadas se lembrarmos que a compreensão de leitura é um processo complexo, em que o leitor lança mão de vários níveis de conhecimentos (KLEIMAN, 1989): linguísticos, extralinguísticos, textuais e outros.

Vejamos o que pode ter sucedido. Em relação aos conhecimentos linguísticos (sintaxe, vocabulário da língua portuguesa), o texto de Veríssimo não apresentava dificuldades. Não continha frases empoladas, nem vocabulário difícil, ao contrário, o tom era direto, coloquial, grosseiro, e o autor usou apenas palavras de uso comum, e alguma gíria.

Possivelmente, a dificuldade de leitura se originou da falta de certos conhecimentos extralinguísticos. O leitor não entra no texto sozinho e desprevenido: traz consigo não apenas seus conhecimentos da língua mas também seus valores, visão de mundo e ideologia. Pode, ou não, ter conhecimento a respeito do autor, a quem este se dirige, com que intenções. Aparentemente, nem todos os leitores sabiam que Veríssimo sempre se posicionara a favor de Lula e agora estava caricaturando o discurso do preconceito social.

Ao abordar um texto, cada leitor tem expectativas em relação a um gênero (no caso, a crônica) e a um suporte de texto (no caso, o jornal). A propósito do gênero crônica, vejamos o que diz Kleiman (1989):

> [...] o escritor de uma crônica não precisa anunciar que a história que vai contar está fazendo uma crítica aos costumes, à política, ou a alguma outra instituição social. Sabemos que a crônica é diferente do "causo" ou da anedota porque somos leitores de crônicas, porque conhecemos o gênero. Ao reconhecer o texto como uma crônica, os elementos de crítica social, mesmo que sutis e indiretos, são percebidos (KLEIMAN, 1989, p. 63).

Conhecendo, ou não, as características do gênero crônica, parece que alguns consideraram possível publicar texto tão escancaradamente preconceituoso, recheado de termos chulos, num jornal da chamada *grande imprensa*.

A propósito desse episódio, em que houve um desencontro entre Veríssimo e alguns de seus leitores, desejo destacar três ideias.

Primeiro, como disse um daqueles que apoiaram Veríssimo, ler não é apenas juntar sílabas em palavras e palavras em frases, ou seja, *não basta ser alfabetizado*, para compreender o que se lê. Segundo, há um longo caminho a ser trilhado, depois da alfabetização, até que o indivíduo ganhe autonomia de leitura e seja capaz de abordar, com segurança e espírito crítico, textos científicos, didáticos, jornalísticos, literários etc. Terceiro, a escola pode e deve contribuir para a formação de leitores, adotando práticas de leitura e escrita que reforcem a busca de significados, da compreensão, e não a simples decodificação.

**Referências bibliográficas**

KLEIMAN, Angela (org.). *Leitura:* ensino e pesquisa. Campinas: Pontes, 1989.

VERÍSSIMO, Luis Fernando. A audácia. *O Globo*, 15/10/2002.

# 9
## A arte de contar histórias

Ouvir histórias é uma experiência agradável e proveitosa, sob diversos pontos de vista. Mesmo que, eventualmente, alguma palavra ou frase não seja compreendida pela criança, o importante é que ela seja capaz de seguir o fio da história, que a leitura lhe dê prazer, que a faça pensar, faça sonhar. Esta é a maior riqueza da literatura infantil.

Além disso, ao ouvir a leitura da professora, as crianças vão se familiarizando com as características da língua escrita, cuja sintaxe e cujo léxico não são os mesmos da língua oral. Não só o conhecimento da língua pode ser enriquecido no contato com a literatura por intermédio da voz da professora, mas também a fantasia, a imaginação, a experiência indireta do mundo.

Ver o entusiasmo das crianças, que nos ouvem atentamente quando contamos histórias, é uma emoção tão gostosa que vale a pena investir um pouco de tempo e esforço para aprender essa arte.

Há contadores de histórias que decoram a história a ser contada, outros que preferem ler o texto, e ainda os que não fazem nem uma coisa nem outra: simplesmente contam a história com suas próprias palavras. A escolha de um ou outro modo de narrar depende do tipo de texto, do público, do local disponível, e ainda das preferências e capacidades do narrador.

Cada professor ou professora deveria cultivar seu próprio repertório de literatura oral, seus *grandes favoritos* que incluem contos de fadas, lendas, "causos" da vida real, histórias de família etc., que fazem sucesso entre as crianças. Além disso, há o acervo inesgotável das histórias publicadas. Narradores profissionais aprendem histórias de cor para respeitar a beleza da linguagem dos autores, mas não há inconveniente em lê-las em voz alta, muito pelo contrário. Os grandes escritores nacionais – Lygia Bojunga, Ana Maria Machado, Ruth Rocha, Bartolomeu Campos de Queirós, Silvia Orthoff, Cecília Meireles, Monteiro Lobato, Clarice Lispector e tantos outros – agradecem.

**Lembretes e sugestões didáticas**

1) Não improvise: escolha com antecedência o livro ou a história que vai ler em voz alta. Para que a leitura ou a *contação* tenha êxito é preciso que você aprecie a história, pense no que o autor quer dizer, sinta de que forma ele usa as palavras (e as ilustrações também) para passar os significados – as ideias, as emoções – do texto.

2) Depois de selecionar uma história que lhe pareça interessante, treine a leitura ou a *contação* em voz alta, uma ou duas vezes.

3) Se quiser conhecer melhor sua atuação, use um gravador. Ao ouvir sua própria gravação, veja o que precisa ser melhorado: o ritmo? a entonação? a forma de articular as palavras? Uma boa leitura deve ser clara, expressiva, em ritmo adequado, nem muito depressa, nem muito devagar. A pontuação deve ser respeitada. As emoções sugeridas pelo texto devem aparecer na voz do narrador, sem exageros.

4) Olhe para o seu público. Use as mãos para apontar, sugerir uma forma, ou uma direção do espaço, mas não gesticule demais porque isso distrai a atenção. Se estiver trabalhando com um grupo reduzido de crianças pequenas, você pode sentar-se no chão e acomodá-las em torno de si: é gostoso, dá uma sensação de intimidade, como no tempo já distante em que as avós eram as contadoras de histórias na cozinha ou no quarto, na hora de dormir.

5) Diante de uma turma de alunos maiores, o mais comum é ficar de pé. Lembre-se de que você está sendo observado pela turma, de corpo inteiro e sua postura, seus gestos falam por você. Mantenha a cabeça erguida e a coluna reta, mas sem rigidez. Tente agir com naturalidade. Varie de posição, dando algumas passadas pela sala, aproximando-se das crianças para mostrar-lhes as ilustrações. Sempre que possível, mantenha contato visual com as crianças, não fique todo o tempo com os olhos presos no livro. Olhe para a plateia, observando atentamente suas reações.

6) Procure controlar sua respiração, de tal modo que não lhe falte ar nos finais das frases. Aprenda a se abastecer de ar nos momentos certos.

7) Se costuma ficar com a garganta seca, mantenha um copo d'água a seu lado.

8) As histórias contadas por você podem dar margem a atividades enriquecedoras. A mais comum é pedir à criança que desenhe um personagem ou a parte da história que mais lhe agradou. Isso é bom, mas não deve ser a única atividade: pode-se pedir às crianças que recontem a história com suas próprias palavras, ou que modifiquem o final.

9) Uma boa alternativa no jardim de infância e nas séries iniciais é estimular a dramatização. Variados objetos, roupas e acessórios são colocados para

serem examinados, manipulados e escolhidos pelas crianças. Bolsas, chapéus, retalhos, um espelho de mão, xales, flores artificiais, piteiras, bijuteria, maletas, máscaras, óculos, luvas, enfim, muitos objetos usados, engraçados e fora de moda, podem inspirar brincadeiras, enredos ou personagens. Um estojo de maquilagem serve para que as crianças se caracterizem. Depois de escolherem seus objetos, os participantes criam histórias, pequenas cenas ou monólogos. Não é teatro, não há falas decoradas: tudo bem simples, como uma boa brincadeira de imaginação e fantasia.

10) Crianças também podem criar histórias a partir de:

- um título proposto pela professora;
- um ou mais personagens, misturando gente e bichos, ou objetos;
- uma música, um filme, ou uma novela.

Ou, ao contrário, podem inventar um título para uma história que lhes foi contada.

**Para saber mais**

ABRAMOVICH, Fanny. *Literatura infantil:* gostosuras e bobices. São Paulo: Scipione, 1989.

AMARILHA, Marly. *Estão mortas as fadas?* Petrópolis: Vozes, 1997.

BETTELHEIM, Bruno. *A psicanálise dos contos de fadas*. Rio de Janeiro: Paz e Terra, 1978.

CARVALHO, Bárbara V. de. *A literatura infantil:* visão histórica e crítica. São Paulo: Global, 1985.

COELHO, Nelly Novaes. *A literatura infantil:* história, teoria, análise. São Paulo: Quiron/Global, 1982.

KHÉDE, Sonia S. (org.). *Literatura infanto-juvenil:* um gênero polêmico. Porto Alegre: Mercado Aberto, 1986.

LAJOLO, Marisa & ZILBERMAN, Regina. *Literatura infantil brasileira:* história e histórias. São Paulo: Ática, 1991.

MACHADO, Ana Maria. *Texturas:* sobre leituras e escritos. Rio de Janeiro: Nova Fronteira, 2001.

_____. *Como e por que ler os clássicos universais desde cedo*. Rio de Janeiro: Objetiva, 2002.

MEC. *Histórias e histórias* – Guia do usuário do Programa Nacional Biblioteca da Escola. Brasília: Secretaria de Ensino Fundamental, 2001.

MEIRELES, Cecília. *Problemas de literatura infantil*. Rio de Janeiro: Nova Fronteira, 1984.

PALO, Maria José & OLIVEIRA, Maria Rosa D. *Literatura infantil:* voz de criança. São Paulo: Ática, 1992.

PONDÉ, Glória. *A arte de fazer artes* – Como escrever histórias para crianças e adolescentes. Rio de Janeiro: Nórdica, 1985.

REGO, Lúcia L. Browne. *Literatura infantil:* uma nova perspectiva de alfabetização na pré-escola. São Paulo: FTD, 1988.

RODARI, Gianni. *Gramática da fantasia.* São Paulo: Summus, 1982.

SERRA, Elizabeth D'Angelo (org.). *30 anos de literatura para crianças e jovens.* Campinas: Mercado das Letras/Associação de Leitura do Brasil, 1998.

VON FRANZ, Marie-Louise. *O feminino nos contos de fadas.* Petrópolis: Vozes, 1995.

WARNER, Marina. *Da fera à loira* – Sobre contos de fadas e seus narradores. São Paulo: Companhia das Letras, 1999.

ZILBERMAN, Regina & LAJOLO, Marisa. *Um Brasil para crianças* – Para conhecer a literatura infantil brasileira: histórias, autores e textos. São Paulo: Global, 1986.

## Lendas, mitos e contos de fadas: sugestões bibliográficas

ANDERSEN, Hans Christian. *Contos de Andersen.* 6. ed. Rio de Janeiro: Paz e Terra, 1988.

CASCUDO, Luís da Câmara. *Contos tradicionais do Brasil.* 15. ed. Rio de Janeiro: Ediouro, 2000.

_____. *Lendas brasileiras.* 2. ed. Rio de Janeiro: Ediouro, 2000.

ESOPO. *Fábulas de Esopo.* São Paulo: Companhia das Letras, 1994 [Compilação de Russel Ash e Bernard Highton].

GARNER, James Finn. *Contos de fadas politicamente corretos:* uma versão adaptada aos novos tempos. Rio de Janeiro: Ediouro, 1996.

GRIMM, Jakob. *Cinderela e outros contos de Grimm.* Rio de Janeiro: Nova Fronteira, 1996 [Seleção e tradução de Ana Maria Machado].

GRIMM et al. *No reino da garotada.* 4 vol. São Paulo: Rideel, 1995.

PHILIP, Neil. *Volta ao mundo em 52 histórias.* São Paulo: Companhia das Letrinhas, 1998.

# 10
## Tem poesia na escola?

Às vezes tem, nas festas escolares, mas podia ter mais. O poeta deveria entrar na escola pela porta da frente: muito prazer, Cecília Meireles! Oi, Vinicius de Moraes, oi, Manoel Bandeira, como vai, Mário Quintana? Tudo bem? O que vocês têm a nos dizer, poetas?

**Ouça as vozes de poetas**

> Um poeta é sempre irmão do vento e da água: deixa seu ritmo por onde passa (Cecília Meireles).

> Acho que o poeta tem pouca importância nas sociedades atuais, para as quais o que importa é o futebol [...] o papel da poesia é simplesmente isso, dar uma pequena alegria, como se fosse um seixinho encontrado na praia que se leva para um amigo. É assim a função do poema, é dar pequenas alegrias a alguns leitores (*O Globo*, 17/06/2000 – Eugénio de Andrade, poeta português contemporâneo).

O poeta José Paulo Paes assim explicou o título de seu livro *É isso ali*:

> [...] ele visa a mostrar que a poesia não é mais do que uma brincadeira com as palavras. Nessa brincadeira, cada palavra pode e deve significar mais do que uma coisa ao mesmo tempo: isso aí é também isso ali. Toda poesia tem que ter uma surpresa. Se não tiver, não é poesia: é papo furado.

Embora escreva muito sobre bichos, terra, árvores, natureza, o poeta Manoel de Barros disse:

> Poesia para mim é linguagem, não paisagem.

**Um bate-papo sobre poesia – Criança gosta de poesia?**

Nesse ponto, criança é como o adulto. Há quem goste e quem não goste. Mas, para saber se gosta, tem que experimentar.

O que é que a gente faz com poesia na sala de aula?

- Poesia lida em voz alta, pela professora, é como um delicado presente que ela dá a seus alunos. Enfeita a vida, muda a rotina, traz um pouco de beleza para o cotidiano áspero e duro.
- Poesia pode ser aprendida de cor: criança tem memória ótima, aprende rapidinho e não esquece mais.
- Poesia dita em coro fica muito bonito, ressalta o ritmo e o som. Experimente.
- Marcar o ritmo da poesia com palmas ou movimentos do corpo é uma variação agradável.
- Criança pode escrever poesia, sim. Depois de ouvir e ler os poetas, muitas crianças arriscam seus primeiros versos. E se escreverem, a gente "publica": põe no mural, ou no "varal de poesias" – uma simples corda ou um barbante esticado entre duas paredes. Os papéis são presos com pregadores de roupas.

E a interpretação dos poemas – como é que fica?

- "A poesia é de quem se apossa dela", disse o poeta Paulo Mendes Campos. Não há que impor ou propor a nossa interpretação do poema. A criança vai "conversar", no seu íntimo, com o poeta e ver se o que ele lhe diz é importante, ou se não tem nada a ver (pelo menos naquele momento).
- Dissecar o poema para ensinar gramática – sujeito, predicado, paroxítonas, oxítonas, monossílabos – é uma tremenda maldade. Com a criança, com o poeta, com a poesia.
- Os críticos literários, os estudiosos de literatura e os professores universitários se encarregam de "interpretar" os poetas e escolher aqueles que "vão cair no vestibular", mas isso fica para mais tarde. Na escola fundamental, da 1ª à 8ª série, o essencial é ser apresentado a diferentes poetas, ter direito de gostar mais de uns do que de outros, aprender seus poemas favoritos de cor, quem sabe cometer uns versos para o primeiro amor...

## Grandes livros de poesia para compor uma pequena biblioteca infantil:

BANDEIRA, Manuel. *Berimbau e outros poemas*. Rio de Janeiro: Nova Fronteira, 1994 [Seleção de Elias José].

Um dos maiores poetas do Brasil, Manuel Bandeira nasceu em 1886 e faleceu em 1968. O professor Elias José, também poeta, selecionou da obra de Bandeira pequenos poemas que não foram escritos para crianças, mas que encantam por sua simplicidade, lirismo e ternura. Belas ilustrações de Marie Louise Nery.

MEIRELES, Cecília. *Ou isto, ou aquilo.* Rio de Janeiro: MEC/Civilização Brasileira, 1997.

Cecília Meireles nasceu em 1901, diplomou-se na Escola Normal do Rio em 1917. Educadora, poeta, ensaísta, criou a primeira biblioteca infantil da cidade. Faleceu em 1964, ano em que publicou *Ou isto, ou aquilo,* clássico da poesia para crianças, com lindas ilustrações de Eleanora Affonso. Nesse livro, Cecília fala da poesia das pequenas coisas do cotidiano, meninos e meninas, a natureza, velhinhas, passarinhos. Suas rimas e aliterações são simples e encantadoras, o que torna sua poesia muito boa para ser dita em voz alta.

MORAES, Vinicius. *A arca de Noé* – poemas infantis. Rio de Janeiro: José Olympio, 1970.

Vinicius de Moraes nasceu em 1913 e faleceu em 1980. Foi poeta, diplomata e autor de letra e música de grandes canções. Seu delicioso livro *A arca de Noé,* ilustrado por Marie Louise Nery, tem poemas sobre animais – o pinguim, o elefantinho, o leão, o pato, a cachorrinha e outros – e também sobre temas bíblicos e religiosos. Nesse livro aparece o poema A casa (*Era uma casa muito engraçada, não tinha teto, não tinha nada...*) que foi musicado e é um grande favorito das crianças.

PAES, José Paulo. *É isso ali* – Poemas adulto-infanto-juvenis. Rio de Janeiro: Salamandra. 1984.

_____. *Rimas do país das maravilhas* [Poemas de Lewis Carrol escolhidos e traduzidos por José Paulo Paes].

O poeta José Paulo Paes não considerava necessário rotular seus poemas como destinados a crianças, tanto é que usa a expressão "poemas adulto-infanto-juvenis". Nascido em 1926 e falecido em 1998, formou-se em Química, foi poeta e tradutor. Era um mestre das brincadeiras com as palavras, da exploração dos vários sentidos que se pode dar a um termo. O humor é qualidade presente em toda sua obra, mas particularmente nas traduções dos poemas de Lewis Carrol, autor inglês de *Alice no país das maravilhas* e *Alice no país dos espelhos.* Lewis Carrol era o pseudônimo do Reverendo Charles Lutwidge Dodgson, professor de Matemática da Universidade de Oxford.

QUINTANA, Mário. 1904-1994.

Mário Quintana, gaúcho, foi jornalista, tradutor e autor de uma obra poética original, doce e ligada às coisas simples da vida. Escreveu *Pé de pilão,* para crianças, mas muitos de seus livros, sem serem destinados ao público infantil, serão apreciados por sua beleza, sonoridade e ritmo, e às vezes toques de humor.

## Poesia na internet – www.docedeletra.com.br

Roseana Murray escreve para adultos e crianças. Mantém uma página na internet (www.docedeletra.com.br) que trata de literatura infantil, poesia, arte e educação. Ela se apresenta como alguém que gosta de animais, de viagens, de coisas simples como amor, peixes e flores. Em *Classificados poéticos*[5], um dos seus livros mais conhecidos, a autora brinca com dois gêneros textuais – o anúncio classificado e o poema. Expressões que aparecem nos anúncios – vende-se, troca-se, aluga-se, procura-se – são o ponto de partida para falar de afetos, lembranças, natureza, nuvens, ar. Esse livro tem inspirado muitos meninos e meninas a escreverem seus próprios *classificados poéticos*.

---

**5.** MURRAY, Roseana. *Classificados poéticos*. 2. ed. Belo Horizonte: Miguilim, 1985.

# 11
## Uma carta para o Brasil

**Correspondência escolar**

O educador Célestin Freinet (ver capítulo Métodos globais) incentivava a troca de cartas entre alunos e os professores, de uma escola para outra, e até mesmo entre cidades e países diferentes. Sua intenção era levar os alunos a encararem a escrita como um poderoso instrumento de comunicação e de entendimento entre as pessoas. Se Freinet fosse vivo, provavelmente seria um entusiasta do correio eletrônico e estaria aconselhando professores e alunos a se comunicarem pela internet.

Seja qual for o meio material utilizado, escrever cartas é uma atividade que pode motivar crianças e jovens a expressarem ideias, sentimentos e opiniões.

As cartas são um gênero textual com regras próprias – local, data, saudação inicial, disposição da mensagem no papel, fecho, assinatura – que devem ser aprendidas no Ensino Fundamental. Há coisas que se pode dizer numa carta entre amigos, há outras que são próprias da correspondência oficial. Por serem um tipo de texto de grande circulação na vida social, saber escrevê-las é uma habilidade valorizada pelas crianças e suas famílias. Na tentativa de dar sentido e função à leitura e à escrita nas escolas, cartas podem ser um bom recurso didático.

Em 1998, estávamos realizando uma pesquisa-ação sobre letramento numa escola municipal do Rio de Janeiro, já mencionada em capítulo anterior. Ali encontramos professoras que tinham a preocupação de alargar os horizontes culturais das crianças. Lutando com muitas dificuldades, mobilizavam as crianças e os pais e, reunindo os poucos recursos disponíveis, organizavam visitas de interesse cultural. Graças às suas iniciativas, seus alunos conheceram museus, visitaram grandes exposições de pintura e foram mais de uma vez ao cinema.

Pouco depois do lançamento do filme *Central do Brasil*, as crianças foram levadas para assisti-lo. Com grande beleza e simplicidade, o filme revela a importância das cartas na vida de uma família e, mais que isso, nas vidas de milhões de adultos analfabetos deste país. Isso nos trouxe a ideia de retomar a questão da escrita desse tipo de texto, ponto do programa escolar.

Tratava-se de uma turma de 3ª série e a professora já havia trabalhado com a escrita de uma carta; sua abordagem não foi tradicional, mas a proposta nos pareceu pouco proveitosa, ainda que a intenção fosse inovadora. Para que se possa entender a perspectiva da professora é preciso explicar o contexto.

A professora fez com que as crianças ouvissem a música *Que país é esse?* Em seguida, elas leram a letra, que critica as injustiças e desigualdades sociais do país. Feitas algumas outras atividades relacionadas com a música, a professora mandou que os alunos escrevessem "uma carta para o Brasil", sem dar indicações ou pistas sobre o objetivo da carta, nem sobre aspectos formais do texto (local e data, fórmulas de abertura e fechamento, forma de tratamento etc.).

As "cartas para o Brasil" produzidas pelas crianças nos revelaram alguns aspectos interessantes. Primeiro, ninguém manifestou estranheza diante dessa tarefa escolar que a nós, adultos letrados, habituais leitores e escritores de cartas, parecia de execução difícil, quase impossível. Segundo, as crianças perceberam, sem que isso tivesse sido explicitado, que a intenção da professora era que houvesse alguma ligação entre a carta que deveriam escrever e os problemas do Brasil denunciados na letra da música *Que país é esse?* Terceiro, como não tinham domínio das convenções do gênero, aproveitaram seus conhecimentos da língua oral, usando na abertura frases coloquiais do tipo "Oi, Brasil, como vai?", ou semelhantes. Depois da saudação, no entanto, abandonavam completamente qualquer tentativa de seguir as convenções do gênero, pois de fato não estavam se dirigindo ao Brasil, mas simplesmente escrevendo algumas linhas sobre problemas sociais e econômicos – racismo, pobreza, fome, violência, desemprego – ou sobre questões do contexto escolar ("sujeira na escola", "bagunça no pátio" etc.). No fechamento, retomavam o gênero carta – e concluíam com *abraços, beijos*, ou outras expressões afetuosas para o vasto e impessoal destinatário: o Brasil.

Essa atividade nos pareceu muito afastada da realidade, das circunstâncias concretas em que as cartas são habitualmente escritas. Aproveitamos então o gancho do filme *Central do Brasil* para propor uma outra escrita de cartas, alguns dias após a ida ao cinema.

Iniciamos a atividade pedindo às crianças que falassem um pouco sobre o filme: expectativas, sentimentos, opiniões... mas só obtivemos respostas curtas e inexpressivas.

> Foi legal.
> Foi bom.
> Achei chato.

As crianças mostravam-se reticentes, sem vontade de elaborar mais suas respostas. Pedimos então que alguém fizesse um breve resumo do filme, para os colegas que não puderam assisti-lo, mas ninguém se aventurou. Começamos então a rememorar algumas cenas e personagens: Dora, a *escrevedora de cartas*; Josué e sua trajetória em busca do pai; a romaria, como sinal da religiosidade do povo daquela região.

Pouco a pouco, as crianças começaram a falar e comentaram a pobreza dos locais percorridos pelos protagonistas, saídos do Rio, até chegarem a Pernambuco; então, falaram sobre as diferenças e semelhanças entre a pobreza rural e a urbana. Um dos alunos observou que as cenas passadas no Rio eram marcadamente mais escuras que aquelas filmadas no Nordeste. Outros lembraram as brincadeiras de dois personagens no sertão nordestino: os trava-línguas, a pelada, e ficaram entusiasmados.

A professora forneceu informações sobre o produtor do filme, o diretor, a trajetória do ator mirim Vinicius de Oliveira e os prêmios conquistados.

Após a conversa, propusemos às crianças imitarem a situação que aparece no filme – uma *escrevedora de cartas* atendendo a alguém que não sabe escrever. Para isso, ajudamos os alunos a se organizarem em duplas, explicando que poderiam ditar cartas autênticas, destinadas a parentes e amigos reais, ou criar situações e cartas fictícias. Os 22 alunos presentes participaram, de forma interessada e entusiasmada, sendo que um deles preferiu trabalhar sozinho. Descrevemos a seguir as características das onze cartas escritas pelas crianças:

1) Uma dupla de meninas escreve uma carta, de Maria do Carmo para Josefina (nomes fictícios criados pela dupla). Texto bem estruturado do ponto de vista formal, com início, meio e fim adequados para uma carta entre amigas. O conteúdo eram notícias sobre o nascimento da filha de Maria do Carmo e a situação difícil do Ceará, devido à seca. Notou-se uma falha na coerência do texto: Maria do Carmo, no meio da carta, diz que mora no Ceará, mas no cabeçalho está escrito "Rio de Janeiro".

2) Outra dupla de meninas se apresenta como se fosse um imigrante nordestino que escreve para os pais, falando da difícil situação financeira pela qual está passando no Rio, junto com o irmão e a cunhada. Menciona a seca, que diz acompanhar de longe, pelos jornais. Despede-se, esperando visitar a família "durante as festas" e pedindo "bênção pra mãe". Do ponto de vista formal, note-se que, além da falta de assinatura, uma certa hesitação quanto às convenções do gênero: abaixo da data, a aluna escreve "Saudação querido José", e após pular algumas linhas, "Querido pai e família".

3) Um menino dá vazão a sua admiração pela dupla de cantores Sandy e Júnior, ditando para o colega uma típica carta de fã para seus ídolos.

4) Uma dupla de meninos escreve não propriamente uma carta, mas um bilhete, mencionando saudades da Bahia e dos carinhos da mãe, destinatária da carta. O aluno que dita é quem assina a carta e curiosamente informa à mãe, no final: "Não sou eu que estou escrevendo porque não sei escrever".

5) Dois meninos tentam escrever uma carta criticando os jogadores do Vasco, mas não deixam claro a quem se dirigem: jogadores ou torcedores do Vasco. Embora se possa alcançar o propósito dos autores – desqualificar o time – o texto não constitui propriamente uma carta, pois foge muito às convenções do gênero:

> Vascaínos, vocês são muito ruins de bola, voces perdem para qualquer time, para o Botafogo, para o fluminence para o flamengo e etc.
> Voces são ruim de bola.
> Fim.

6) Uma carta marcada pelo humor escrita por duas meninas. A mãe escreve para a filha, dizendo que lhe arranjou um casamento com um homem rico, que conhece a filha desde pequena e que é 23 anos mais velho que a moça. No final, a mãe se queixa da vida no Amazonas, onde convive com cobras, aranhas e outros animais e pede à filha que volte logo, pois não suporta mais as saudades.

7) Uma carta engraçada escrita para o colega Francisco por uma dupla que, durante as aulas, implicava de forma bem-humorada com o destinatário, um menino nordestino. A carta era assinada pelo "futuro genro". Menciona um casamento que será realizado na véspera de S. João, com muitas comidas típicas do Nordeste: sarapatel de porco, buchada de bode, tripa de boi assado e "uma cachaça do tempo da sua velha". Lida a carta em voz alta, as crianças divertiram-se muito com a enumeração das comidas e o bom humor do texto.

8) Da sua parte, Francisco ditou uma carta a sua avó, na qual falava da saudade dos parentes, amigos e das "suas melhores comidas". Avisava que em breve faria um passeio à sua cidade natal e terminava dizendo:

> Afinal, quero revelos com saúde.
> Um beijo e um abraço de Francisco.
> Fim.

9) Duas meninas se revezam no papel de "escrevedoras de cartas" e ambas escrevem cartas para os tios (verdadeiros). Falam de saudades e da vontade de estar juntas com os tios e primos. Assinam as cartas com seus próprios nomes.

10) Duas meninas criam a seguinte situação: Clara e Marina são irmãs, Marina está residindo nos Estados Unidos. Clara escreve uma carta para a irmã, lembrando momentos partilhados na infância.

11) Um único aluno prefere escrever sozinho uma carta para o pai, falando do carinho que sente por ele e pela mãe, da importância que atribui a ambos, da falta que fazem e ainda da lembrança do dia em que ganhou "um bunequinho até hoje eu guardo ele com muito amor não deixo ninguem bota a mão". Embora esse aluno não tenha assistido o filme *Central do Brasil*, curiosamente termina sua carta assim: "hoje estou vivendo uma estoria romântica ce chama central do brasil eu amo voces muito Beijos De Seu Filho". Foi a mais longa das cartas escritas pelas crianças durante a atividade.

## Conclusão

A atividade revelou um pouco da rica experiência de vida das crianças. Cartas imaginárias, porém vivas; leitura e escrita de textos que fazem sentido e que têm razão de ser, era o que queríamos tornar possível e que em alguns momentos conseguimos, nas brechas da rotina escolar.

O filme funcionou como elemento propulsor de lembranças e de experiências anteriores, mas parece que a maioria das crianças já conhecia bem o tom afetivo e a função social das cartas familiares. Algumas das cartas fictícias que escreveram mencionam situações de distância e afastamento da família que vários alunos, filhos de famílias migrantes do Nordeste, sofreram: a separação dos pais, dos avós, e outros parentes, como revelaram nas suas histórias de vida, escritas durante outro momento da pesquisa.

Embora não faça parte do repertório da escrita escolar, a "carta de fã" é outro tipo de escrita comum na vida social, que as crianças deram mostra de conhecer. Muitas foram bem-sucedidas ao expressarem afeto e saudade, algumas manifestaram senso de humor e tiveram capacidade de se colocar no lugar de outras pessoas, de criar personagens e situações verossímeis. A carta do menino que escreveu sozinho parece indicar uma necessidade real de "abrir o coração" para os pais.

A carta sobre os desastres do Vasco é a menos bem-sucedida, pois não se pode sequer distinguir se quem a escreve é um torcedor desiludido do próprio time ou alguém que torce por outro clube. Lembra um pouco as já mencionadas "cartas para o Brasil".

Quanto aos aspectos formais, as cartas deixaram à mostra muitas lacunas, no domínio da escrita, que cabe à escola preencher. Deve-se continuar ensinando, ao longo do Ensino Fundamental, as convenções da escrita de cartas, especialmente, indicação de local e data, tipos de saudações, forma de tratamento, fórmulas de fechamento, e assinatura. Em geral, as crianças da turma focalizada conheciam e usavam algumas dessas convenções, mas não todas. Além disso, na altura da 3ª série, muitas ainda não respeitavam regras básicas da escrita, ensinadas desde a classe de alfabetização, como, por exemplo, iniciar a frase com letra maiúscula e concluí-la com um ponto. Erros de segmentação de palavras e de ortografia foram numerosos em todos os textos.

## Sugestões didáticas

1) O momento de começar a escrita de cartas depende da turma, mas cartas simples ou bilhetes podem ser ensinados desde os primeiros anos de escolaridade. Se a criança não sabe escrever, imita a escrita, rabisca algumas letras, desenha etc. Uma carta para Papai Noel é uma boa motivação no jardim de infância.

2) Deve-se continuar praticando, ao longo do Ensino Fundamental, as convenções da escrita de cartas, especialmente indicação de local e data, tipos de saudações, forma de tratamento, fórmulas de fechamento e assinatura. Tipos variados de cartas devem ser apresentados às crianças.

3) Escrever cartas coletivas pode ser uma boa introdução à escrita de cartas. As crianças ditam a carta, a professora escreve, fazendo as adaptações necessárias das falas para a escrita. À medida que escreve, a professora ensina as convenções (local, data, saudação, fecho etc.) e comenta a maneira de organizar a escrita para torná-la clara, simples e correta.

4) Situações do dia a dia escolar são um bom ponto de partida: escrever para um colega que mudou de escola, para uma professora que teve um bebê, para a diretora da escola que se aposentou etc. Cartas de pedidos, reclamações e reivindicações também podem ser redigidas na escola, pelos alunos mais velhos, e encaminhadas a quem de direito.

5) Escolher a forma de tratamento adequada conforme o destinatário faz parte do conhecimento do gênero carta.

6) Saber adequar a abertura e o fecho ao destinatário, segundo o grau de intimidade que se tenha, é importante. Também é necessário eliminar das cartas os elementos que não pertencem ao gênero (por exemplo, muitas crianças acrescentam a palavra *fim*, depois da assinatura).

7) Mostrar cartas que aparecem em textos literários é uma boa maneira de alargar o conhecimento das crianças. *A bolsa amarela*, de Lygia Bojunga, é uma ótima história infanto-juvenil que traz várias cartas e bilhetes. Para alunos mais velhos vale a pena apresentar as seções "Cartas dos leitores", nos jornais.

## Parte III
UM DIÁLOGO ENTRE A TEORIA E A PRÁTICA

# 12
Espelho, espelho meu: alfabetizadoras falam de sua prática[1]

Uma revisão da literatura sobre a formação do alfabetizador revela que três campos de conhecimentos produzem a maior parte dos trabalhos científicos relacionados com alfabetização e formação de alfabetizadoras: a Linguística, a Pedagogia e a Psicologia. De um lado, linguistas como Cagliari (1989; 1999); Lemle (1987; 1991); Tasca (1990) e Soares (1999) discutem as bases linguísticas da alfabetização e prescrevem os conteúdos, as teorias e conceitos de Linguística que devem embasar a formação do alfabetizador. De outro, as pesquisas com enfoque da Pedagogia abordam um leque de questões, passando por práticas de leitura e escrita na escola, interação entre alunos e professores, relações entre linguagem e pensamento, dentre outras (FREITAS, 1998; KRAMER, 1995; 1994; 1986). No campo da Psicologia, destaca-se a contribuição de Ferreiro (1985; 1986; 1987; 1992; 1996) e colaboradores, que fornecem um arcabouço teórico sobre a psicogênese da língua escrita, do ponto de vista do construtivismo piagetiano.

Embora alguns autores, como Corais (1999), enfatizem a necessidade de levar em conta os saberes produzidos *na e pela prática* da alfabetização, a pesquisa sobre o assunto é ainda incipiente. Maciel (1999), que analisou a produção de teses e dissertações sobre alfabetização, no período de 1961 a 1989, encontrou apenas cinco relatos de experiência cujo tema é a proposta didática:

> [...] são pesquisas em que o coordenador e/ou professor alfabetizador relata e enfatiza a operacionalização de sua prática. Esse aspecto reflete, de certa forma, a preocupação em se analisar, conhecer mais detalhadamente o cotidiano dos atores sociais da alfabetização.

---

1. Uma primeira versão deste texto, com o título "Revisitando as metodologias de alfabetização: professoras falam de suas práticas", foi publicada na Revista *Educação em Foco*, Universidade Federal de Juiz de Fora, vol. 6, n. 1, mar.-ago./2001.

Na primeira parte deste capítulo apresento uma síntese de depoimentos de três professoras, alunas do XIII Curso de Extensão em Alfabetização, que participaram da pesquisa *Práticas de leitura e escrita no Ensino Fundamental* (CARVALHO et al. 1999). Na segunda, analiso a maneira pela qual essas alfabetizadoras adaptam, constroem ou reinventam um caminho metodológico peculiar, partindo de metodologias tradicionais e ali incluem elementos esparsos das propostas de cunho construtivista, divulgadas pela Secretaria Municipal de Educação do Rio de Janeiro. Finalmente, a partir das reflexões das professoras sobre temas que pouca atenção têm merecido dos pesquisadores, defendo que se continue a realizar pesquisas sobre os saberes elaborados pelas alfabetizadoras a partir da própria prática.

Espero que algumas alfabetizadoras venham a reconhecer-se nos depoimentos das colegas que falam sobre seu dia a dia e revelam saberes construídos na sala de aula, aparentemente contraditórios, para quem está afastado da escola fundamental e acredita em práticas perfeitamente "coerentes" com as teorias. Seriam, de certo modo, um *espelho* em que, cada uma, pode mirar-se para ver se encontra o reflexo da própria experiência, ou uma resposta para suas indagações.

**Depoimentos**

*A fala de Beatriz*

"Comecei desesperada", disse Beatriz.

Por que tanto desespero? Inexperiente em matéria de alfabetização, a professora começou o ano muito insegura e terminou-o insatisfeita com os resultados. Sua experiência anterior fora com a 3ª e 4ª séries. Incerta quanto ao caminho a seguir, recém-chegada à escola, achava que não possuía competência para alfabetizar e temia fracassar.

Estava cursando Pedagogia, à noite, e recentemente entrara em contato com a literatura sobre psicogênese da escrita, especialmente com as ideias de Emilia Ferreiro.

A turma era de CA (classe de alfabetização), alunos novos, de 6 anos. Suas condições de trabalho eram muito adversas: trabalhava com dupla matrícula (sendo a outra turma, de série mais adiantada) e a escola estava em obras. Embora ampla, a sala de aula era um local de passagem para o refeitório, extremamente barulhento. Não havia supervisora pedagógica para orientá-la, então recorreu a uma colega mais experiente que lhe sugeriu "trabalhar com os nomes das crianças". Aceitando a sugestão, ensinou cada um a escrever o próprio prenome, fez quebra-cabeças, comparou nomes curtos e longos, contou o número de letras em cada qual. Destacou as vogais. As crianças aprenderam a reconhecer as letras e a nomeá-las.

Beatriz permitiu que os alunos fizessem escritas espontâneas, mas não interveio nem propôs outros desafios a partir dessas escritas. Algumas crianças faziam ainda o que chamou de "capinzinhos" (garatujas, pequenos traços verticais); outras conseguiam copiar legivelmente.

A professora não descreveu como passou da esfera dos nomes das crianças e das letras para a das palavras-chave, nem qual delas foi a primeira com que trabalhou, mas contou o que estava fazendo, na altura do mês de maio. Uma situação ocorrida na sala de aula – uma criança levou para a escola uma grande borboleta – determinou a escolha da palavra-chave *borboleta*. Sucesso total: as crianças desenharam borboletas, fabricaram borboletas de massinha, caçaram borboletas que foram levadas em visita às outras turmas.

Os alunos criaram coletivamente um texto que tratava de uma bela borboleta que viajou, viu o bebê, o boi, a bala, a bola e outros "personagens". Apesar de a professora não usar cartilha, na história estavam presentes todas as características dos manuais de leitura tradicionais: ausência de título, escolha de palavras determinada pela intenção de fixar determinada letra, frases curtas, não articuladas entre si, o que resultava em falta de coesão e coerência. O texto, composto de quatro orações, foi escrito em folha de cartolina e desmembrado em tiras, de forma que as crianças pudessem remontá-lo na ordem original. Depois, estudaram palavras iniciadas com a letra b.

Em agosto, mês do folclore, a professora relatou que estava trabalhando com a história do Saci; naquela altura, as crianças examinaram o texto começando por contar o número de palavras e de espaços, o que não havia sido mencionado anteriormente, no caso da palavra borboleta. Ainda em agosto, a propósito do Dia dos Pais, Beatriz mostrou-nos um pequeno texto acartilhado, composto de duas orações, em que apareciam seis palavras iniciadas com p, quatro das quais eram repetidas pelo menos uma vez.

Em síntese, o caminho escolhido (ou encontrado) pela professora foi:

1) reconhecer as letras no contexto dos prenomes dos alunos; destacar as vogais;

2) focalizar uma palavra-chave que nomeia um objeto de interesse das crianças;

3) orientar a composição de uma "história" simples e curta, ou melhor, de um texto acartilhado, com repetição de palavras começadas por uma mesma letra;

4) decompor o texto em frases e reordenar a sequência;

5) evocar e copiar palavras iniciadas com a letra escolhida.

Depois de descrever esse percurso, a professora não chegou a explicitar como fazia para que as crianças aprendessem novas combinações de letras ou de sílabas. Um tanto reticente, deu a entender que iam descobrindo por si mesmas. Em certo momento mencionou que aproveitou algo de uma cartilha, mas não quis desenvolver o assunto. Considerou que os resultados de seu trabalho com o texto eram relativamente bons, porque *antes* havia crianças que conheciam todo o alfabeto mas não sabiam ler, *depois* passaram a se interessar.

Ao final do ano letivo, a professora declarou-se *muito insatisfeita consigo própria* por não ter conseguido alfabetizar todos os seus alunos. Considerando que fracassara em relação a vários deles, sentia-se mortificada.

Observando os trabalhos escritos desses alunos, argumentamos com a professora que, do ponto de vista do referencial teórico do construtivismo, por ela mencionado, as crianças que começaram o ano com grande dificuldade progrediram um pouco, isto é, passaram das garatujas à escrita de letras e pseudoletras, fizeram ensaios de escrita silábica, interessaram-se pelo processo de aprender a ler e poderiam conquistar novos avanços no ano seguinte (2000), especialmente se Beatriz continuasse responsável pela mesma turma. Ela não pareceu convencida e insistiu em declarar que falhara com a maior parte dos alunos.

## A história de Eliane

Com experiência de trabalho em comunidades carentes, Eliane manifestava preocupação pelas condições de vida dos alunos, moradores de uma favela violenta, frequentemente vítimas de maus-tratos físicos e psicológicos.

Trabalhava com uma única turma, numa escola de tempo integral. Sua classe fazia parte de um projeto da Secretaria Municipal de Educação destinado a atender crianças ainda não alfabetizadas de 8 anos ou mais. Como forma de apoio, a professora recebia material didático, publicado pelo Departamento Geral de Educação, tinha direito a uma pequena gratificação e frequentava quinzenalmente reuniões de orientação e supervisão.

Na opinião de Eliane, esse projeto possuía aspectos positivos, mas também desvantagens, pelo fato de reunir na mesma turma crianças que acumulavam diversos tipos de dificuldades: eram pobres, tinham repetido o ano mais de uma vez, ou tinham vindo de outros estados, sem escolarização anterior. Além disso, eram discriminadas na própria escola por estarem numa turma especial, por todos conhecida como aquela de quem está em situação de atraso escolar.

Eram muitas as dificuldades enfrentadas pela professora: crianças desmotivadas, rebeldes, com baixa autoestima, violentas, desafiadoras de sua autoridade, desinteressadas da escola. Ao ser solicitada a traçar um perfil de sua turma, escreveu um poema:

*Minha turma*
É uma turma especial.
Especial de todas as formas e maneiras.
Em comportamento, neurologicamente, em experiências de vida, em tudo.
Situa-se no morro do Salgueiro; um morro triste e sujo, se olharmos com a nossa forma de pensar um mundo ideal.
São alegres, travessos, ansiosos, agressivos e famintos.
São carentes de família, de banho, de sono, de roupas e de amor.
A maioria está aprendendo com muita rapidez.
Gostam de dançar, de cantar, de brincar e de escrever. São crianças de 6 a 14 anos, novos, repetentes e renitentes.
Violentados pela vida e até pelos pais.
Alguns já fumam e bebem.
São meus alunos, são crianças, são favelados, são crianças.
São especiais.

Criticava as colegas que gritavam e agrediam verbalmente os alunos, mas, em face de tantos problemas, tinha os nervos à flor da pele e chegou a licenciar-se, mais de uma vez, por motivo de saúde. Convidada a descrever seu processo de ensinar a ler, evitou tocar no assunto durante várias reuniões de pesquisa. No entanto, descreveu em detalhe uma experiência anterior, em outra escola. Havia uma mudança de tom ao mencionar esse trabalho descrito como algo gratificante, que deixou saudades.

Aquela era também uma turma de meninos grandes e difíceis, que gostavam de cantar músicas *funk*. Eliane partiu então de uma letra de música, que continha nomes de muitas favelas do Rio. Foram essas as palavras que destacou, ressaltando a letra inicial de cada uma delas. Daí passou a estudar outras começadas pelas mesmas letras e colheu bons resultados.

Depois de algum tempo, Eliane finalmente abordou o trabalho que desenvolvia na ocasião. A equipe de professoras da escola estava trabalhando com uma história do folclore, da qual fora retirada uma palavra-chave. A partir daí, formavam listas de vocábulos começados com a mesma letra. Os alunos procuravam palavras em jornais e em cartilhas.

Eliane encontrou na escola muitas cartilhas velhas, fora de uso, e deu-as às crianças para estudarem em casa. Usava esporadicamente a cartilha *Casinha feliz*, de método fônico: aproveitava algumas lições que lhe pareciam interessantes, embora criticasse outras.

"A gente fala muito [mal] da sistematização: diz que é *tradicional*. Mas já senti que faz falta uma certa sistematização", declarou a professora.

Em termos metodológicos, três etapas aparecem no seu trabalho:

1) escolha de um tema motivador (no primeiro caso, letras de música; no segundo, uma história do folclore);

2) escolha de uma palavra-chave;

3) formação de listas de palavras com a mesma letra inicial.

A partir da terceira etapa, não deixou claro como propiciar a formação de novas palavras.

Eliane oscilava entre dois caminhos: por um lado, utilizava elementos do método de palavração, procurando contextualizar a palavra-chave (numa história ou letra de música); por outro, lançava mão de recursos do método fônico, que pressupõe a síntese ou fusão de fonemas ou *sons das letras*.

Manifestava preocupação com o ensino da base alfabética, tanto mais que seus alunos estavam fora da faixa etária considerada adequada para a alfabetização inicial. Ressentia-se da falta de sistematização do trabalho, mas estava incerta quanto a seguir este ou aquele método, decisão, aliás, que não dependia apenas dela própria, pois que costumava ouvir as opiniões das demais professoras da escola.

No entanto, o que realmente ressaltava como seu grande problema eram as relações interpessoais – dela com os alunos e deles entre si –, pois a desordem e a violência reinantes na sala de aula não permitiam que um autêntico trabalho educativo fosse realizado.

*O caso de Magali*

Magali trabalhava com duas turmas: uma de Educação Infantil, outra de 1ª série. Estranhava as reações dos alunos da 1ª série, que a seu ver careciam de autonomia e de vivacidade; ainda não reconheciam nem escreviam os próprios nomes; ofereciam ajuda à professora para limpar e varrer a sala (parecendo estar acostumados a fazer esse tipo de trabalho), mas manifestavam pouca curiosidade em aprender a ler e escrever. Em comparação com seus alunos do jardim de infância, os da 1ª série lhe pareciam atrasados. Considerava "escandaloso" o fato de não terem sequer aprendido a escrever seus nomes na classe de alfabetização (CA), pois muitos de seus alunos de Educação Infantil ingressavam nas turmas de CA com uma boa iniciação à leitura, outros, já alfabetizados.

Embora desapontada com o que considerou "atraso" da sua turma de 1ª série, Magali aproveitou bem a experiência anterior com classes de Educação Infantil, lançando mão da mesma didática utilizada no jardim: muito trabalho livre, muito material de sucata para recortar, colar, brincar.

Seu método de ensinar a ler era marcadamente sintético, partindo de unidades mais simples para mais complexas:

1) primeiro os sons das letras que representam as vogais;

2) depois, palavras formadas de duas ou três letras;

3) a seguir, palavras mais longas;

4) finalmente, frases.

Magali adotava uma forma de alfabetizar bastante estruturada, baseada em sequências de exercícios graduados em ordem de dificuldade crescente, do ponto de vista da lógica do adulto. Paralelamente, trabalhava com cartilhas e mencionou três de seu agrado. Apenas uma delas – *A casinha feliz* – tinha como base o método fonético.

Magali registrava suas impressões e reflexões sobre a turma num caderno que chamava "caderno de ocorrências". Nas primeiras páginas havia breves anotações sobre crianças faltosas, outras que não completavam os trabalhos ou se mostravam desinteressadas. À medida que prosseguia o ano letivo, foram aparecendo registros entusiasmados sobre os progressos das crianças que começavam a ler e escrever.

Tinha um grande encantamento por seus alunos, preocupava-se com eles, não propriamente com o ensino da leitura e da escrita, tarefa que considerava bem resolvida, mas sim com problemas de alcoolismo, doenças e pobreza que afetavam muitas famílias da comunidade. Suas relações com as crianças e seus responsáveis eram muito intensas, no sentido de que Magali conhecia em detalhe as circunstâncias da vida de cada aluno e mantinha contato frequente com seus pais.

**Refletindo sobre as reflexões das alfabetizadoras**

Ao participar da pesquisa, as professoras expuseram suas reflexões sobre as crianças, suas famílias, as metodologias, os problemas educacionais que lhes foi possível enfrentar e aqueles que foram obrigadas a deixar de lado.

Refletir sobre o próprio trabalho é condição de sobrevivência na profissão. Nóvoa (1992) refere-se a tal procedimento como uma forma de autoconsciência, uma das três características que sustentam o processo identitário dos professores. É bem verdade que as reflexões das três professoras não são tão sistemáticas quanto o desejaria Perrenoud (1999) ao discutir o papel do *professor reflexivo*. As reflexões de que falamos são breves, se dão no calor dos acontecimentos e geralmente não são objeto de registro (a não ser em alguns casos, como no caderno de anotações que Magali organizava), muito menos de publicação; às vezes são partilhadas com colegas ou pais de alunos, mas quase sempre permanecem não divulgadas, tornando-se parte daquele cabedal – um amplo e impreciso terreno – denominado *experiência de ensino*.

Contudo, no contexto da pesquisa e da extensão universitárias, as professoras estavam dispostas a partilhar suas reflexões e empenhei-me em registrá-las, pois que, como já foi dito, os saberes das professoras, construídos na prática, têm pouca presença na literatura especializada.

No discurso das professoras encontramos muitas referências a ideias divulgadas pela academia, como *a importância de trabalhar com textos, de estimular a produção espontânea, de estudar as fases do desenvolvimento da escrita,* dentre outras. Essas referências, no entanto, são meio descoladas da prática, pois nem sempre o que a professora realiza na sala de aula corresponde a seu discurso. Tal contradição talvez se explique porque "a área da alfabetização foi colonizada pela academia", conforme disse a Professora Lucíola Santos (1999). De fato, a formação inicial e continuada dos alfabetizadores está sendo fortemente dominada pelos professores universitários.

No entanto, à medida que aprofundávamos o diálogo com as professoras, apareciam pontos de vista, reflexões e perguntas pessoais. Alguns temas recorrentes: como agir, como intervir para que a criança lenta, ou em situação de atraso escolar, aprenda a ler – no sentido de saber decodificar – o mais rápido possível? Como lidar com a indisciplina e desinteresse das crianças *difíceis*? Como garantir o autorrespeito, o respeito dos pais e das colegas se não conseguirem alfabetizar a maioria dos alunos? Como ajudar as crianças que acumulam várias desvantagens sociais: pobreza, maus-tratos, doença, dificuldades para aceitar os rituais escolares? Esses são alguns dos grandes problemas abordados pelas professoras em suas reflexões.

Quanto à questão das metodologias de alfabetização, sabemos que a posição das alfabetizadoras é delicada, pois, ao sabor das mudanças de governo e das equipes pedagógicas, são por vezes levadas a mudar seus procedimentos habituais, a adotar um novo referencial teórico, "a trocar o certo pelo duvidoso". Na prática, ainda conseguem conduzir o ensino à sua maneira, mesmo que seja preciso criar um modo de trabalhar aparentemente fiel às determinações oficiais, mas que no fundo não difere muito do que já vinham fazendo. Em favor das professoras, argumento que não estão suficientemente amparadas por um projeto pedagógico, uma formação teórica aprofundada, e pelo pertencimento a uma equipe de trabalho, formada na própria escola, para fazerem experimentações ousadas. Nas condições concretas em que trabalham, parece-lhes mais correto investir naquilo que lhes é familiar, introduzindo aqui e ali pequenas modificações que não alteram o arcabouço do ensino.

As histórias de vida e de profissão das professoras que participaram da nossa pesquisa não podem ser estudadas a contento nos limites deste trabalho, mas vale a pena indicar alguns aspectos relevantes.

Embora se preocupe bastante com as dificuldades sociais e familiares de seus alunos, Magali demonstra tranquilidade quanto ao domínio técnico da alfabetização; parece estar na etapa da carreira que Huberman (1992) denomina fase de estabilização, em que se dá a consolidação do repertório pedagógico.

Beatriz, que está ensinando a ler pela primeira vez, sente-se tateando, explorando o terreno (HUBERMAN, 1992), angustiada frente a uma responsabilidade para a qual não se acredita preparada. No entanto, tem investido na busca de soluções, recorrendo a uma colega mais experiente, procurando a universidade para prosseguir os estudos (tanto no Curso de Extensão em Alfabetização, da UFRJ, quanto no Curso de Pedagogia em outra universidade pública).

Eliane, que tem muitos anos de magistério, passa por uma fase de desencanto e "desinvestimento" (HUBERMAN, 1992) em relação à profissão. Sofre com os conflitos ocorridos na escola e declara-se impotente diante de alunos violentos e desinteressados.

No discurso das professoras praticamente não há referências às péssimas condições de trabalho, às relações entre salários baixos e dupla jornada (FREITAS, 1998), à falta de oportunidades de formação continuada e outros aspectos da carreira, mencionados na literatura sobre vidas ou histórias de professores (NÓVOA, 1992a; 1992b). No entanto, há abundantes queixas de sofrimentos e insatisfações, que podem estar relacionadas com aspectos penosos do exercício da profissão: dupla matrícula como forma de melhorar o salário, turmas numerosas, crianças turbulentas, comunidades violentas, insegurança nas ruas e nos ônibus etc. Ainda que não mencionando as condições de trabalho, em muitos momentos, as professoras declaram-se angustiadas, preocupadas, tensas, cansadas, doentes ou prestes a adoecer, "sem forças para enfrentar o trabalho", "desesperadas", "inseguras"; ao mesmo tempo, manifestam seu amor ao magistério e preocupam-se com a situação familiar e escolar das crianças: estão efetivamente aprendendo a ler? Como será no ano seguinte? O que dirá a professora que as receber?

A propósito, Perrenoud (1993, p. 67) fala sobre a angústia dos professores nos seguintes termos:

> A dispersão é também uma forma de lutar contra a angústia. Uma angústia existencial, experimentada por quem interrompe o trabalho para refletir sobre o que está a fazer. A maneira mais segura de não duvidar do sentido da existência e, particularmente, do trabalho, é não parar durante muito tempo para refletir. Lançar-se irrefletidamente em todas as atividades, não descansar um minuto sequer, pode, pois, ser uma distração, no sentido que Pascal dá a esse termo. É preciso não ignorar que uma parte do ativismo de certos professores pode ser interpretada de forma metafísica, sobretudo a angústia que está relacionada com a profissão.

No contexto das escolas do mundo desenvolvido, afirma Perrenoud, os professores sentem angústia porque estão colocados diante de uma missão impossível: com o tempo e os meios limitados de que dispõem, jamais conseguem dar aos alunos o domínio dos saberes fundamentais. Que dizer então dos professores de nossas tristes escolas públicas, abandonadas, sem recursos técnicos fundamentais?

Nossas três professoras suportavam uma carga de trabalho excessiva, a saber, dupla regência (Beatriz e Magali), horário integral com turma especial (Eliane), dupla regência e curso universitário noturno (Beatriz); paralelamente, todas eram responsáveis por serviços domésticos e cuidados com os filhos, sendo que Magali fazia ainda serviços remunerados nos fins de semana.

Além das condições de trabalho penosas, as professoras entrevistadas não estavam engajadas em um projeto pedagógico da escola e sentiam-se solitárias na luta contra as dificuldades do dia a dia. Considero que o desejo de partilhar inquietações e encontrar interlocutores era uma das razões que as fizeram procurar o Curso de Extensão.

## O que aprendemos com Beatriz, Eliane e Magali

A vasta produção científica atual sobre alfabetização, leitura e letramento raramente chega às mãos das alfabetizadoras, a não ser por intermédio das formas institucionalizadas de difusão (cursos de extensão ou de "reciclagem") promovidas pelas Secretarias de Educação ou pelas universidades.

No município do Rio de Janeiro, a produção científica de Emília Ferreiro (1996; 1992; 1987; 1986; 1985) tem sido objeto da difusão mais prolongada e intensiva. Minha interpretação é que a "herança emiliana" teve, e continua tendo, vários efeitos sobre a prática, dentre os quais o fato de que as metodologias tradicionais de alfabetização foram colocadas sob suspeita, ou pelo menos em segundo plano. Como se sabe, Ferreiro enfatiza que o método não é o problema essencial na aprendizagem da leitura. Esse ponto de vista é correto, mas para que frutificasse seria necessário que a formação inicial e continuada das professoras fosse mais aprofundada: o conhecimento da teoria construtivista dado às professoras é superficial, não relacionado com a prática, e não as prepara para lidar com as situações concretas do dia a dia.

Na presente pesquisa, constatamos que Beatriz e Eliane criam seus modos de trabalhar a partir de um "núcleo duro" extraído de um método estruturado tradicional – a palavração –, com a adição de novos elementos periféricos, originários de teorias construtivistas ou de outras fontes não claramente identificadas (eventualmente, a fonte pode ser a experiência individual ou compartilhada com colegas).

A Professora Magali segue principalmente o método fônico, com o qual se declara satisfeita e não demonstra inquietação a esse respeito; usa também cartilhas.

As três alfabetizadoras iniciam a alfabetização ensinando as crianças a copiar e a reconhecer os próprios nomes, depois, a distinguir os dos colegas. Conhecer e nomear as letras que os compõem, "salientar" as que representam as vogais, investir longamente em jogos e exercícios visando ao reconhecimento e à escrita dos nomes são práticas comuns[2]. Por sua vez, uma prática tradicional de alfabetização foi recuperada na atualidade: a organização de alfabetários – disponíveis na sala de aula para serem consultados pelas crianças. Quanto aos tipos de letras, duas das professoras começam pelas maiúsculas de imprensa, passando em seguida para a cursiva (maiúsculas e minúsculas). A outra trabalha desde o início com os dois alfabetos.

A questão do tipo de alfabeto a ser usado, assunto geralmente ausente na bibliografia mais recente de alfabetização, constitui grande preocupação e motivo de dúvidas para as professoras.

A presença da escrita espontânea, admitida pelas três professoras e por vezes estimulada por Beatriz e Magali, parece-me uma evidência da "herança emiliana". Isso significa que as professoras permitem que as crianças, se não todas, pelo menos algumas, façam ensaios de escrita usando pseudoletras, letras sem valor sonoro convencional, ou escritas silábicas (cada letra com valor sonoro de uma sílaba), sem serem censuradas.

Disse Beatriz, a propósito da escrita espontânea de um aluno com dificuldades:

> Os outros riam dele, diziam que estava escrevendo tudo errado. Eu dizia: deixa, ele está escrevendo do jeito dele.

O fato de admitirem a escrita espontânea não significa que Beatriz, Eliane e Magali adotem práticas coerentes com o ideário construtivista, por exemplo, contatos intensivos com textos naturais, inferência ou predição de significados a partir do contexto, ou do entorno linguístico, ou situações de aprendizagem que constituam desafios às concepções de escrita das crianças. Ao contrário, elas adotam como procedimento metodológico padrão o uso de palavras-chave, a partir das quais exercitam a decodificação. Beatriz relata que escolhia palavras-chave obedecendo à ordem alfabética, mas em um dado momento decidiu selecioná-las em função de incidentes da vida na sala de aula, festas ou eventos do calendário escolar, buscando dar mais sentido à leitura e à escrita. Seguindo a mesma tendência, Eliane escolheu as palavras em letras de música *funk* que eram apreciadas pelos alunos.

A classificação das crianças segundo as etapas identificadas por Ferreiro (1985; 1987) parece ter penetrado solidamente no discurso das três professoras, que se referiam com desenvoltura a alunos pré-silábicos, silábicos e alfabéticos. A propósito, Azenha (1994) aponta um risco: que as escolas passem a utilizar as etapas de desenvolvimento da psicogênese da língua escrita

---

**2.** Sabemos que, no limiar do processo de alfabetização, as alfabetizadoras sempre tiveram o cuidado de ensinar os nomes das crianças, por motivos óbvios, mas parece-nos que atualmente mais tempo e atenção estão sendo dedicados a essa competência, talvez porque as pesquisas mais conhecidas de Ferreiro incluam a análise da escrita do nome. A confusão entre procedimentos de coleta de dados e práticas de sala de aula é bem analisada por Azenha (1994).

para definir quem são os alunos "prontos" e "não prontos", ou, ainda, para formar classes "homogêneas". Afirma a autora:

> De todas as interpretações, esta é a mais deformante, pois se utiliza de uma investigação que pretende mostrar que todas as crianças aprendem para ratificar o preconceito contra aquelas que chegam à escola com um caminho evolutivo mais longo a percorrer (AZENHA, 1994, p. 97).

Um aspecto positivo da "herança emiliana", como a estamos chamando, é que as professoras se tornaram mais tolerantes em relação aos erros das crianças. Por outro lado, manifestavam grandes dúvidas quanto ao modo de intervir na aprendizagem, ou mesmo de avaliar um aluno que se demora na fase pré-silábica ou silábica, enquanto o restante da turma caminha em direção ao domínio da base alfabética.

Atividades relacionadas com práticas sociais de escrita e leitura, que seriam de esperar por influência do construtivismo, eram praticamente inexistentes. Os exercícios mais comuns eram relacionados com palavras avulsas, fora do contexto da frase ou do texto: copiar, "pesquisar" e recortar palavras começadas pela mesma letra; organizar listas de palavras que apresentam semelhanças no plano gráfico ou fonético, evocar, copiar e ilustrar palavras iniciadas com determinada letra.

A certa altura do processo de alfabetização, quando as crianças dominavam um pequeno vocabulário, as professoras trabalhavam com textos, embora não naturais. Não adotavam cartilhas, porém, como já foi apontado, os textos tinham todas as características das lições dos manuais de leitura clássicos. Alguns foram apresentados como criações coletivas das crianças, mas, dada a artificialidade que os caracterizava, é provável que as crianças só tivessem recebido como modelos textos acartilhados e neles se inspirassem quando começaram a escrever (CAGLIARI, 1989).

**Sintetizando**

Dos depoimentos das professoras, destacamos os aspectos da prática relacionados com as metodologias, mas, como sempre acontece nas pesquisas sobre experiências docentes, as facetas afetivas do magistério colorem fortemente suas falas. Como disse Nóvoa (1992, p. 14):

> Hoje sabemos que não é possível reduzir a vida escolar às dimensões racionais, nomeadamente porque uma grande parte dos atores educativos encara a convivialidade como valor essencial e rejeita uma centração exclusiva nas aprendizagens acadêmicas.

Quanto às práticas de alfabetização, encontramos ecos do construtivismo piagetiano de Ferreiro no discurso das pessoas entrevistadas, mas consideramos que as metodologias tradicionais, como a palavração e o método fônico, são as bases de seu trabalho. Esses métodos não aparecem em estado puro: as professoras criam fusões ou sínteses, com elementos extraídos de métodos diversos, ou da própria experiência, às quais se juntam discretas influências do *construtivismo*, como a admissão da escrita espontânea e um nível maior de tolerância em relação aos erros na escrita dos alunos.

Em suma, podemos dizer que as professoras aplicam *métodos mistos*, ou *ecléticos*, pouco estudados pelos pesquisadores e sobre os quais a literatura é escassa. Assim, argumentamos que é importante investigar: quais os determinantes das sínteses e escolhas metodológicas feitas pelas alfabetizadoras. Essas práticas correspondem a necessidades nascidas do contato com as crianças, que não aprendem todas da mesma maneira, nem no mesmo ritmo? Ou se explicam por outras razões? Que teorização pode embasar os métodos mistos ou ecléticos? Como se caracterizam? Que resultados são obtidos por meio de sua aplicação? Como extrair, da experiência das alfabetizadoras, lições para a formação inicial e continuada de outras professoras?

**Referências bibliográficas**

AZENHA, Maria da Graça. *Construtivismo:* de Piaget a Emilia Ferreiro. 2. ed. São Paulo: Ática, 1994.

BARBOSA, José Juvêncio. *Alfabetização e leitura*. São Paulo: Cortez, 1991.

CAGLIARI, Luiz Carlos. *Alfabetização e linguística*. São Paulo: Scipione, 1989.

_____. *Alfabetização sem ba-be-bi-bo-bu*. São Paulo: Scipione, 1999.

CARVALHO, Marlene et al. *Práticas de leitura e produção de texto no Ensino Fundamental – Relatório de pesquisa*. Rio de Janeiro: UFRJ/Faculdade de Educação, 1999.

CORAIS, Maria Cristina. *Formação contínua de professores alfabetizadores*. Rio de Janeiro: UFRJ/Faculdade de Educação, 1999 [Dissertação de Mestrado].

FERREIRO, Emilia. *Alfabetização em processo*. São Paulo: Cortez, 1986.

_____. *Com todas as letras*. São Paulo: Cortez, 1992.

FERREIRO, Emilia & PALACIO, Margarita Gomes. *Os processos de leitura e escrita:* novas perspectivas. Porto Alegre: Artes Médicas, 1987.

FERREIRO, Emilia & TEBEROSKY, Ana. *Psicogênese da língua escrita*. Porto Alegre: Artes Médicas, 1985.

FERREIRO, Emilia e col. *Chapeuzinho Vermelho aprende a escrever –* Estudos psicolinguísticos comparativos em três línguas. São Paulo: Ática, 1996.

FREITAS, Maria T. de Assunção. *Narrativas de professoras –* Pesquisando leitura e escrita numa perspectiva sócio-histórica. Rio de Janeiro: Ravil, 1998.

HUBERMAN, Michael. O ciclo de vida profissional dos professores. In: NÓVOA, António (org.). *Vidas de professores*. Porto: Porto Ed., 1992.

KRAMER, Sonia. *Alfabetização:* dilemas da prática. Rio de Janeiro: Dois Pontos, 1986.

_____. *Alfabetização, leitura e escrita* – Formação de professores em curso. Rio de Janeiro: Escola de Professores, 1995.

KRAMER, Sonia et al. Um mergulho na alfabetização (ou Há muito o que revelar sobre o cotidiano da escola), *Revista Brasileira de Estudos Pedagógicos*, vol. 1, n. 1, jul./1994. Rio de Janeiro: Inep.

LEMLE, Miriam. *Guia teórico de alfabetização*. São Paulo: Ática, 1987.

LEMLE, Miriam & CARVALHO, Marlene. Os mal-entendidos da alfabetização. *Ciência Hoje*, vol. 12, n. 72, abr.-mai./1991, p. 38-43.

MACIEL, Francisca. *Tipos de pesquisa na produção sobre alfabetização no Brasil: 1961-1989* [Trabalho apresentado na 22ª Reunião da ANPEd, 1999].

NÓVOA, António (org.). *Vidas de professores*. Porto: Porto Ed., 1992a.

_____. Formar professores como profissionais reflexivos. In: ID. (coord.). *Os professores e sua formação*. Lisboa: Dom Quixote/Instituto de Inovação Educacional, 1992b.

PERRENOUD, Philippe. *Práticas pedagógicas, profissão docente, formação:* perspectivas sociológicas. Lisboa: Instituto de Inovação Educacional, 1993.

_____. Formar professores em contextos sociais em mudança: prática reflexiva e participação crítica. *Revista Brasileira de Educação*, n. 12, dez./1999, p. 5-21.

SANTOS, Lucíola. *Currículo: perspectivas atuais* [Conferência realizada na Faculdade de Educação da UFRJ, em 14/12/1999].

SOARES, Magda Becker. Aprender a escrever, ensinar a escrever. In: ZACCUR, Edwiges. *A magia da linguagem*. Rio de Janeiro: DP&A/Sepe, 1999.

TASCA, Maria. A linguística na formação do alfabetizador. In: ID. *Desenvolvendo a língua falada e escrita*. Porto Alegre: Sagra, 1990.

# 13
## Histórias de pequenos leitores

Durante uma pesquisa sobre leitura e produção de textos numa escola municipal do Rio de Janeiro, estudamos as relações das crianças com a escrita, a que materiais de leitura tinham acesso, dentro e fora do ambiente escolar, e quais as suas preferências.

Existe uma grande variação individual quanto aos gostos e hábitos de leitura, a tal ponto que, no contexto da nossa pesquisa, não seria válido dizer que as *crianças não gostam de ler*, ou ainda, *a leitura está ausente do cotidiano das crianças das classes populares*.

São variados os perfis de crianças leitoras. Na maior parte dos casos, são leitores pragmáticos, que usam a leitura quando e se for necessário alcançar algum resultado prático. Muitos são atraídos por imagens – televisão, vídeo, jogos eletrônicos – e trocariam com prazer os livros da sala de leitura por uma televisão de dimensões maiores, no mesmo local, mas há também leitores de poesia, os torcedores de futebol à cata de notícias de seu time, e algumas poucas crianças que têm uma relação intensa e privilegiada com a leitura. Enfim, a galeria é variada e muito mais rica do que supúnhamos inicialmente.

Mergulhados numa cultura letrada, impelidos, primeiro, a dominar o código alfabético, depois, a se valerem da leitura para apreender conteúdos escolares, os pequenos leitores escapam dessa camisa de força e estabelecem pouco a pouco relações subjetivas com a leitura.

Como já havia sido apontado por Dauster (1994), muitas dessas crianças pobres, excluídas do mundo das histórias-da-hora-de-dormir, e do acesso à literatura infantil – em casa e na escola –, desenvolvem gostos peculiares de leitura e encontram meios de ler em contextos em que os materiais de leitura são escassos. Para elas, mesmo que a escola insista em transformar os textos vivos e naturais em simples matéria de estudo, a leitura permanece uma janela aberta para o mundo, como se vê no depoimento de Fátima (14 anos, 4ª série):

> Aprendi a ler em Campina Grande (PB), usando cartilha. A professora era muito boa, passava várias atividades. Fiquei dois anos sem ir à escola, precisava trabalhar; depois voltei a estu-

> dar, já tinha 13 anos. Estou trabalhando no Rio há um ano, em casa de família. A gente precisa trabalhar e estudar, estudo à tarde, trabalho de manhã e à noite. Arrumo a casa da patroa. Acho divertido ler histórias em quadrinhos. Gosto muito também de contos de fadas – acho romântico, interessante – e de revistas femininas.

A aprendizagem inicial da leitura evoca, muitas vezes, dificuldade e esforço, geralmente acompanhados de grande investimento familiar. Começamos por pedir às crianças que falassem da sua experiência de ouvir histórias. Em seguida, trouxemos à baila o processo de alfabetização. Diz Marisa (10 anos, 4ª série, pai pedreiro e mãe dona de casa):

> Minha lembrança de leitura é de muita dificuldade. Com quatro ou cinco anos, meu pai ficava no meu pé, eu queria sair pra brincar, ele dizia que só quando eu aprendesse a ler.

Edith (11 anos, 4ª série) lembra-se do método pelo qual aprendeu e das dificuldades iniciais:

> Aprendi a ler na escola com 7 anos. A professora Ana dizia para soletrar as letras e depois juntar. Eu lia gaguejando. Acho que a posição de sentar faz diferença na voz. Se eu sentar direito, não gaguejo. Minha mãe não acreditou que eu sabia ler e eu pedi a ela para ir à escola conversar com a professora.

No caso de Fernanda (12 anos, 4ª série), o processo de alfabetização foi especialmente árduo:

> Passei por várias escolas para aprender a ler. Acabei indo para uma turma de crianças com dificuldades. Eu me esforçava e a professora era muito paciente, eu me sentia um pouco confusa mas sabia que um dia eu ia aprender. Foi muito legal depois daquele dia.

Muitas crianças recebem as primeiras letras no seio da família, como Roberto (9 anos, 4ª série, pai zelador de prédio, mãe doméstica), cuja idade é inferior à da maioria dos colegas de turma:

> Minha mãe é que me ensinou a ler, eu lia o alfabeto e ela me ajudava. Depois é que fui para a escola. Em casa lia nos livros de minha irmã, em livros de historinhas e em jornal, fazia passatempo e minha mãe corrigia.

Entre crianças faveladas é comum a experiência de aprender a ler antes do ingresso na escola pública com a ajuda de uma "explicadora" (pessoa que dá aulas particulares individuais ou a um pequeno grupo), o que demonstra o interesse das famílias em garantir o acesso à escrita e em evitar o fantasma da repetência na primeira série.

Vencida a aprendizagem inicial, os pequenos leitores vão construindo sua trajetória, formando opiniões, fazendo escolhas, ao mesmo tempo em que lidam com a carga de leituras obrigatórias exigida pela escola. Michael (11 anos, 4ª série) fala de suas preferências:

> Minha leitura preferida é revista, mas não gosto de histórias em quadrinhos. Quando quero ler e me distrair, leio histórias de ação e aventura, vou para a cama ou o sofá da sala. Gostei muito do livro A *fábrica das pipas*. Não pego livros na caixa de leitura ou na sala de leitura porque quase não tem livros de ação. [...] Leio a parte de esportes dos jornais, em casa ou na escola. Meu time é o Botafogo e se vejo alguma notícia sobre ele, corro atrás, mesmo que o jornal esteja na rua. Lá em casa, meu avô, papai e meus tios gostam de ler. Meu pai lê *O Dia* porque é mais barato.

O acesso à leitura é difícil, na medida em que a ida a bibliotecas não faz parte do universo cultural das crianças nem de suas famílias, com exceção de um aluno cujo pai o levava a uma biblioteca em Minas. A maioria das crianças menciona ter visitado uma biblioteca pública uma única vez, em passeio organizado pela escola. São raras as que tiveram a experiência de entrar numa livraria, embora morem num bairro onde elas são facilmente encontradas, dentro e fora dos vários *shopping centers* ali existentes. No entanto, de uma maneira ou de outra, algumas crianças tentam suprir a falta de material de leitura:

> Quando não posso comprar, peço emprestado, peço a foto (dos artistas de novelas), tiro xerox. Leio na rua, em casa, na escola, na casa de amigas e parentes. No jornal, eu gosto de ler sobre novelas e o que acontece no dia a dia (Kátia, 12 anos).

Circunstâncias do ambiente doméstico podem dificultar a posse e a guarda dos livros, como relata Edith (4ª série, 11 anos):

> Na minha casa não dá para guardar papel, livro. Tem muito rato. Os livros vão todos para o lixo. O meu pai tinha muito livro. Eu li uma parte do livro *O inferno*. Não me lembro o resto [...] e fiquei horrorizada. Falei com minha mãe e todos (os livros) que tinha coisa ruim, ela jogava fora.

No caso de Edith, parece haver uma censura materna de determinados títulos, situação excepcional, que não é mencionada por nenhuma outra criança.

Afinal, para que serve a leitura, do ponto de vista das crianças?

Os sentidos que algumas crianças atribuem ao ato de ler são carregados de intensa afetividade, ou seja, a leitura é percebida como prazerosa, provocadora de emoções sutis mas agradáveis. Algumas falas:

> Acho que ler é bom porque a gente fica mais leve (Marisa, 12 anos).

> [...] me encanto por poesia! Tem aquelas românticas e outras, engraçadas [...] lembro de outras leituras gostosas que vieram

> na caixa de livros: *Maria-vai-com-as-outras, O outro gume da faca* e *Onde tem bruxa tem fada* (Alexandra, 10 anos).
>
> Eu sinto um negócio quando leio: fico me acalmando (Lucas, 12 anos).
>
> Acho que a leitura faz você se desligar do mundo que está a sua volta. Quando eu entro na história, eu viajo, eu entro, vou de cabeça... Ler ajuda a distrair, relaxar, expressar (Sérgio, 12 anos).

A maioria dos pequenos leitores, no entanto, atribui um valor instrumental à leitura como se vê nos depoimentos seguintes:

> Acho que ler é legal e bom para o desenvolvimento (Adriano, 10 anos).
>
> Acho que ler é bom para a memória porque faz falar e escrever mais certo, fixar mais. Lembro que eu não sabia falar quilômetro e paralelepípedo e também não sabia escrever palavras com duplo s, aprendi tudo lendo (Felipe, 9 anos).
>
> Acho que lendo eu aprendo as palavras que não sei e coisas sobre novelas (Kátia, 12 anos).
>
> Não me lembro de nada para contar, mas sei que aprendi muitas coisas novas nos livros (William, 11 anos).
>
> Ler é bom porque aprendemos muitas coisas e não precisamos de ninguém (Michel, 13 anos).
>
> Acho que ao ler se aprende mais e tenho que ler para a prova (Marisa, 10 anos).

A leitura de livros parece ser pouco atraente (e possivelmente árdua) para muitos que no entanto se declaram aficcionados de revistas e jornais.

> Não gosto muito de ler livros, com exceção de História Geral. Acho muito interessante ler sobre Idade Média e Moderna. [...] Adoro ler revista de moda, que minha mãe compra e também lê. Acho que ler é muito importante, porque se não souber ler, como vão entender as revistas? (Elaine, 11 anos).
>
> Gosto de ler revistas: Mônica, Cascão, Chico Bento [...] no jornal que meu pai compra diariamente leio quadrinhos e as notícias da primeira página. Não gosto de ler contos de fadas (Felipe, 9 anos).

Gosto muito de ler revistas de adolescentes, não gosto de revistas de moda e as infantis [...] Quase não leio livros. Lembro de *Ou isto ou aquilo*, que a professora leu, *Aladim e a lâmpada mágica* e a Bíblia para crianças que uma amiga me emprestou (Kátia, 12 anos).

A recusa ou rejeição da leitura de livros que várias crianças manifestam deve merecer atenção dos professores. Trata-se de uma dificuldade relacionada com a extensão dos textos, com os temas, ou com a linguagem dos autores? Ou terá a ver com a tradição escolar de dissecar certos livros para estudar gramática, para "fixar conteúdos" ou para abrir caminho para temas do programa escolar? São questões que o professor e a professora têm que investigar para que seja possível formar leitores na escola.

Da parte do poder público, fica a obrigação urgente de criar bibliotecas públicas e salas de leitura bem equipadas, onde nossos pequenos leitores possam se dar ao luxo de escolher entre livros, jornais, revistas e material de informática.

**Referência bibliográfica**

DAUSTER, Tânia. Nasce um leitor – Da leitura escolar à "leitura" do contexto. *Leitura e leitores*. Rio de Janeiro: FBN/Proler/Casa da Leitura, 1994.

# 14
## Carta para alfabetizadores de jovens e adultos

Um *site* especializado em educação enviou-me várias mensagens de jovens professoras que trabalham com alfabetização e educação de jovens e adultos, com mensagens e perguntas sobre métodos, didática e materiais de alfabetização. Como as cartas tinham vários pontos em comum, optei por escrever a carta abaixo, que foi divulgada pelo *site* em questão.

Prezada professora,

Na terra de Paulo Freire, é bonito e ao mesmo tempo triste saber que muita gente está procurando ajuda para ensinar aos jovens e adultos brasileiros que foram excluídos da escola.

Bonito é o movimento de solidariedade das ONGs, de igrejas, de grupos assistenciais que se organizam para criar cursos e escolas alternativas para os que ficaram à margem do "ensino regular" – tão regular que expulsa quem não se enquadra. Bonito é saber do trabalho de tantas pessoas, estudando, cheias de dúvidas, querendo saber mais sobre educação de adultos.

Triste é o país ter uma fábrica de analfabetos funcionando a pleno vapor.

É um desafio sério lidar com esses alunos que têm experiência de vida, um vasto *conhecimento do mundo*, como dizia Freire, mas não encontram trabalho na sociedade escolarizada. Alguns saíram da rua para instituições assistenciais, ou destas para a rua; muitos são jovens trabalhadores, algumas são donas de casa e mães de família; outros, empregadas domésticas ou desempregados crônicos. Como desenvolver um trabalho educacional inteligente e eficaz com um alunado tão heterogêneo, sofrido e, às vezes, desconfiado e desencantado?

Confiança é uma palavra-chave: conquistar a confiança desses alunos e alunas que não acreditam em escola leva algum tempo. Restaurar a confiança de quem se sente burro ou incapaz é demorado.

Impor limites a quem já viveu, ou está vivendo, na rua, é complicado: os garotos testam o educador ou educadora, provocam, agridem, pintam e bordam. Os limites podem vir a ser reconhecidos, se ficar bem claro o que é permitido e o que não é, e por que, mas volta e meia há conflitos.

Despertar a vontade de aprender é o primeiro passo, mas as palavras "escola", "estudo", "caderno", "professora" trazem à lembrança desses alunos tristes recordações. De fracasso, de repetência, do "vou chamar sua mãe aqui".

Nas turmas de educação de jovens e adultos, alguns sabem ler e escrever, outros conhecem palavras soltas, ou só o próprio nome. Alguns já passaram por vários métodos de alfabetização: o método fônico, a palavração, a silabação... é muito raro encontrar alguém que seja "virgem" em matéria de alfabetização. Desse modo, minha proposta é a seguinte: ensinar a decifrar, para quem não sabe, mas criar em todos o desejo de ler e escrever. Para isso, dar acesso a materiais de leitura e dialogar, dialogar sempre.

E quando se tenta dialogar com a turma, do que vamos falar? Sobre o que eles conversam? Sobre o que eles pensam, falam, discutem?

Não sei o que interessa a todos, mas estou pensando nos jovens da minha cidade – Rio de Janeiro – que vão à escola noturna para aprender a ler ou melhorar seu nível de escolaridade, na expectativa de arranjar um emprego.

Vou arriscar alguns temas que interessam a todo mundo (os enfoques é que talvez sejam diferentes): trabalho, emprego, desemprego. Polícia e bandido. Medos. Mãe e abandono, mãe e amor; casa e fome. Pai. Sonhos, esperanças, vida, morte, família, amor, sexo. Televisão, videogame, computadores, carros, telefones celulares, naves espaciais. Aids. MST. Camisinha. Drogas. Estes e outros temas podem ser ponto de partida para discussão em sala de aula, com a ajuda da leitura de jornais, da "leitura" dos programas da televisão.

O trabalho escolar com o texto jornalístico é bom para todos os níveis de ensino e pode ser particularmente interessante quando o professor lida com alunos que não têm gosto pela leitura: o jornal é considerado mais atraente, mais leve e desperta menos rejeição do que outras leituras escolares. Ler a notícia, relê-la, confrontar interpretações – a sua, a dos colegas, a do professor –, fazer perguntas ao texto, pensar sobre o que anda acontecendo no vasto mundo fora da sala de aula – eis uma boa maneira de atrair para a leitura até mesmo alunos desmotivados e ajudá-los a se tornarem indivíduos não apenas alfabetizados, mas também letrados.

O jornal, como qualquer outro tipo de impresso, não fala por si e as maneiras de usá-lo na sala de aula são muito variadas. Tenho assistido a aulas em que professores bem-intencionados usam os jornais exclusivamente em atividades de recorte e colagem, na preparação de cartazes que vão direto para as paredes, sem passar por qualquer tentativa de interpretação de texto ou simples comentário. Não creio que atividades deste tipo contribuam para a formação de leitores e de cidadãos. Afinal, como introduzir os jornais na escola, como recurso didático?

Sugiro que o(a) professor(a) leia os jornais, em voz alta, para os alunos, pois sua leitura é mais fluente, mais interessante do que a dos alunos que estão ainda tateando. No entanto, os jovens devem também folhear os jornais, olhar as fotos, mesmo que não saibam ainda decifrar. Ler jornal é uma atividade adulta, que não infantiliza, nem diminui o analfabeto. Discutir as notícias, escrever no quadro ou no blocão algumas das coisas ditas pelos alunos é um bom ponto de partida para exercícios de leitura e escrita.

Importante é criar condições para que os alunos-leitores mais avançados interpretem os textos jornalísticos. Os professores começariam por discutir, por exemplo, qual o interesse do jornal em publicar, ou não, determinadas notícias – para causar que efeito, em que tipo de leitores, com vistas a que objetivos? Por que determinada notícia aparece nesta ou naquela página, ilustrada ou não, ocupando que espaço, maior ou menor?

Alunos que não costumam ler jornais, ou que leem apenas o caderno de esportes, têm que se familiarizar com os diferentes cadernos, suas funções, suas seções; conhecer os colunistas; aprender o que diferencia um editorial de uma reportagem ou de um artigo assinado. Saber um pouco da "cozinha" do jornal, conhecer as condições de produção da notícia, é importante.

O jornal pode ser elemento iniciador ou provocador de estudos, projetos e pesquisas. Série de reportagens que aprofundam temas e cadernos especializados – em cultura e lazer, informática, turismo, economia e esportes – oferecem material didático barato, atraente, diariamente renovado. Os classificados trazem mil e uma informações, surpresas e revelações. Não há limites para as descobertas que os jornais proporcionam a alunos e professores.

Os jornais são um material barato e interessante, mas não deve ser exclusivo. É preciso também dar lugar a poemas, histórias, lendas, quadrinhos... anúncios, listas de compras, encartes de publicidade... ler o que está à nossa volta, e também aquilo que não faz parte do cotidiano dos alunos.

O trabalho de educação de jovens e adultos, porém, não se esgota no ensino da leitura e da escrita: exige mais.

Penso no *método de projetos* como um suporte interessante para o trabalho interdisciplinar com jovens e adultos. Por quê?

Realizar um projeto, do início ao fim, é atividade coletiva, social, em que cada um ajuda na medida de suas possibilidades. Habilidades variadas são usadas num projeto: ler, escrever, desenhar, falar com pessoas, dar recados, falar ao telefone, arranjar material, levantar dinheiro, traçar planos – tanta coisa! Um projeto pode ser extenso e ambicioso, ou modesto, de pequena duração. Pode durar um ou dois dias – por exemplo, escrever uma carta caprichada para um colega que abandonou a escola – ou várias semanas – por exemplo, preparar, planejar, conseguir recursos para fazer uma excursão, um passeio, uma visita a um local de interesse. Escrever um jornal (da escola ou da classe) é um projeto ambicioso e de longa duração. Um projeto de educação sexual pode levar meses: entrevistas com médicos, enfermeiros; consulta a material de divulgação; visita a um posto de saúde, exibição de filmes ou *slides*... tudo depende dos objetivos, dos recursos concretos da localidade e da escola, assim como da capacidade que tenha o professor de entusiasmar seu grupo, juntar forças e levar a ideia em frente.

Alguns educadores de adultos se dizem desapontados porque seus alunos não querem saber de muita discussão, de trabalho de grupo, de aulas de arte, jogos e outras coisas que nós, professores, achamos que é moderno e avançado. Querem ditado, continhas e cópia. Bem, em primeiro lugar, tudo que sabem sobre a escola é que ali *é proibido falar* e se faz – ou se fazia – muita cópia, ditado e contas. Em segundo lugar, estas atividades tradicionais, muito conhecidas, principalmente a cópia e o ditado, são menos ameaçadoras, enquanto que discutir, argumentar verbalmente, defender um ponto de vista diante da turma são habilidades novas para eles.

Um caminho possível é planejar o ensino levando em consideração o que dizem os alunos, ouvindo suas propostas e procurando tirar o melhor partido de suas ideias. Ditado é bom, sim, por que não? mas também é preciso lembrar que saber apenas palavras soltas não resolve o problema de quem quer escrever uma carta. Cópia deve ter uma razão de ser: na vida real, às vezes copiamos endereços, letras de música, uma receita, uma oração, um poema que nos encantou. Mas não copiamos uma notícia de jornal, ou páginas de um livro: tiramos xerox. O importante é mostrar aos alunos os usos da leitura e da escrita na vida social.

Trabalho de grupo deve ser feito com um fim em vista: uma pesquisa, um projeto, uma tarefa que realmente exija a colaboração de várias pessoas. Trabalho de grupo não é colocar vários alunos em volta de uma mesa, cada qual fazendo sua tarefa individual.

A presença da arte na educação de jovens e adultos é pouco comum, mas pode ser enriquecedora. Conheço um trabalho muito interessante de rodas de leitura[3], organizadas numa escola de educação de jovens e adultos: eles não só acompanhavam com muito gosto as leituras de textos literários (Clarice Lispector, Jorge de Lima, Ferreira Gullar e outros grandes) como também passaram eles mesmos a contar e a escrever as histórias que conheciam: lendas, "causos", histórias do folclore e poemas.

Trazer à tona o que sabem os alunos, exercitar a leitura do mundo, estimulá-los a criticar, a pensar sobre sua condição de excluídos da escola é tarefa das mais importantes. Como disse Paulo Freire, em *Pedagogia da esperança*: "Quem procura cursos de alfabetização de adultos quer aprender a escrever e a ler sentenças, frases, palavras, quer alfabetizar-se. A leitura e a escrita das palavras, contudo, passa pala leitura do mundo. Ler o mundo é um ato anterior à leitura da palavra. O ensino da leitura e da escrita da palavra a que falte o exercício crítico da leitura e da releitura do mundo é, científica, política e pedagogicamente, capenga".

## Indicações de leitura

CARVALHO, Marlene. *Guia prático do alfabetizador*. 4. ed. São Paulo: Ática, 1999.

CITELLI, Adilson. *Aprender e ensinar com textos não escolares*. São Paulo: Cortez, 1997 [Série Aprender e Ensinar com Textos – coord. CHIAPPINI, Lígia, vol. 3].

FOUCAMBERT, Jean. *A leitura em questão*. Porto Alegre: Artes Médicas, 1994.

FREINET, Célestin. *O jornal escolar*. São Paulo: Estampa, 1974.

FREIRE, Paulo. *Ação cultural para a liberdade*. 4. ed. Rio de Janeiro: Paz e Terra, 1979.

_____. *Pedagogia do oprimido*. 6. ed. Rio de Janeiro: Paz e Terra, 1979.

_____. *Conscientização: teoria e prática da libertação*. 3. ed. São Paulo: Moraes, 1980.

_____. *Educação como prática da liberdade*. 11. ed. Rio de Janeiro: Paz e Terra, 1980.

_____. *Pedagogia da esperança*. São Paulo: Paz e Terra, 1992.

HERR, Nicole. *Aprendendo a ler com o jornal*. 2 vol. Belo Horizonte: Dimensão, 1997.

LEAL, Leiva de F. A formação do leitor de jornal: uma perspectiva metodológica. *Presença Pedagógica*, mai.-jun./1996. Belo Horizonte: Dimensão.

LOZZA, Carmen L. Pessanha. *O jornal na escola: superando limites, ampliando possibilidades: O Globo – Quem lê jornal sabe mais*, 2000 [mimeo.].

RIBEIRO, Vera Marsagão. *Alfabetismo e atitudes;* pesquisa com jovens e adultos. Campinas/São Paulo: Papirus/Ação Educativa, 1999.

SOARES, Magda. *Letramento:* um tema em três gêneros. Belo Horizonte: Autêntica, 1999.

---

**3.** Rodas de leitura desenvolvidas pelo Professor Pedro Benjamin Garcia.

# 15
## A batalha dos métodos

Numa rua de subúrbio, uma menina, sentada à porta de casa, olhava um livro ilustrado. Perto dali havia uma escola normal e passavam muitas jovens que se preparavam para ser professoras.

Uma delas parou ao ver a criança com o livro nas mãos e disse:

– Que gracinha!

– Me conta a história?

– Não, primeiro você tem que aprender a ler. Quer que eu te ensine? Olhando o título, a jovem apontou:

– A, o, e, u, i, o. Não, assim, não. Melhor assim: a, e, i, o, u.

A criança olhou desconsolada e pediu novamente para ouvir a história. A futura professora não desistiu.

– Veja, é fácil: **a** com **i** faz **ai**! Como você fala quando sente uma dor. E **e** com **u** faz **eu**! E apontava para o próprio peito, dizendo: **eu, ai! eu, ai!**

Um pouco assustada, a criança desviou o olhar e abriu o livro. A normalista aborreceu-se e foi para a aula de *Métodos e técnicas de alfabetização* contar para a professora que tinha encontrado uma pobre criança que era um caso típico de falta de prontidão para a leitura.

Logo depois passou outra jovem e perguntou:

– O que é que você está lendo?

– Não sei ler. Me conta a história?

– Vou ensinar você a ler. Como é seu nome?

– Betinha.

– Não, isso é o seu apelido. Como é o seu nome?

A menina pensou um pouco e olhou desolada para o livro:

– Me conta a história.

– Só se você me disser seu nome.

– Elisabete Maria de Oliveira.

– Ah, bom. Então vamos ver.

Puxando um caderninho da bolsa, a moça escreveu Elisabete e deu à criança.

– Aqui está o seu nome: ELISABETE. Vamos ler apontando com o dedinho.

Apontando as nove letras, a menina leu: E-li-sa-be-te- Ma-ri-a- de- O-li-vei-ra.

A jovem ficou embatucada e anotou a resposta para ir perguntar como interpretá-la à professora de psicogênese da língua escrita.

– Tchau, querida! Outro dia eu te ensino, ok?!

Não demorou muito, passou outra jovem simpática e a criança lhe pediu:

– Me conta a história!

– Que gracinha! Eu conto se você me responder umas perguntas.

A criança olhou ressabiada.

– Você já sabe as letras do alfabeto?

– Não.

– Você conhece as famílias silábicas?

– Quê?

– Deixa pra lá. Me diga uma palavra que começa com pa. Por exemplo, pato, papai, palácio.

– Rei, princesa.

– Quê?

– Palácio, rei, princesa.

A futura professora suspirou. Saiu dali muito triste, achando que a menina era muito bonitinha, mas não tinha discriminação auditiva.

Daí a meia hora, passou um professor de gramática, cansado e meio calvo, andando devagar. A menina resolveu tentar a sorte.

– Me conta a história!

– Não é assim. Fale de novo: conta-me a história.

– Hum?

– Conta-me a história, eu disse.

– Mas eu não sei ler.

– Não, não é você que deve contá-la. Aliás, minha pobre criança, você não sabe nem falar.

A menina fechou o livro com força e fez uma careta de nojo para o gramático. Ele respondeu:

– Atrevida! Analfabeta! Iletrada! Anômala! Anojosa! Anacoluto! e retirou-se, muito satisfeito de possuir um vasto vocabulário para qualificar a pirralha.

Passou um tempinho, veio pela calçada uma professora de sociolinguística, com seu gravador a tiracolo, e a menina resolveu tentar a sorte:

– Tia, me conta a história!

– Fala de novo, meu bem, disse a professora, e ligou o gravador. Estava fazendo uma pesquisa sobre dialetos das classes populares do subúrbio do Rio, de modo que não podia perder a chance de gravar a fala da criança.

– Que que é isso?

– Um gravador. Vou gravar o que você falar. Vamos conversar. Quantos anos você tem?

– Me conta a história.

– Depois eu conto. Converse um pouquinho comigo.

– Quero a história.

– Você me conta uma história. Eu gravo, depois passo tudo para o papel, pego a sua história e aí...

Mas a professora não pode concluir: a menina já estava longe, pulando num pé só, fora do alcance da pesquisadora. Na esquina, encontrou o vendedor de cocadas que fazia ponto perto da escola normal. Pouco movimento, tarde parada. O vendedor olhou pra menina com o livro e perguntou:

– Já leu esse livro?

– Não, lê pra mim? disse a menina, sem muita esperança de ser atendida.

– Hum, deixa eu ver.

O rapaz abriu o livro. Foi lendo devagar, como possível, pois tinha aprendido a ler mal e mal, há muito tempo atrás.

– Era uma vez uma menina chamada Chapeuzinho Vermelho. Um dia, a mãe dela cha-cha-mou-a e disse...

A menina deu um suspiro de prazer e sentou no muro da escola para ouvir a história. Lá dentro, alguém dava uma aula sobre métodos de alfabetização.

# 16
## Alfabetização sem receita e receita de alfabetização

**Receita de alfabetização**[4]

Pegue uma criança de 6 anos e lave-a bem. Enxágue-a com cuidado, enrole-a num uniforme e coloque-a sentadinha na sala de aula. Nas oito primeiras semanas, alimente-a com exercícios de prontidão. Na 9ª semana ponha uma cartilha nas mãos da criança. Tome cuidado para que ela não se contamine no contato com livros, jornais, revistas e outros perigosos materiais impressos.

Abra a boca da criança e faça com que engula as vogais. Quando tiver digerido as vogais, mande-a mastigar, uma a uma, as palavras da cartilha. Cada palavra deve ser mastigada, no mínimo, 60 vezes, como na alimentação macrobiótica. Se houver dificuldade para engolir, separe as palavras em pedacinhos.

Mantenha a criança em banho-maria durante quatro meses, fazendo exercícios de cópia. Em seguida, faça com que a criança engula algumas frases inteiras. Mexa com cuidado para não embolar.

Ao fim do oitavo mês, espete a criança com um palito, ou melhor, aplique uma prova de leitura e verifique se ela devolve pelo menos 70% das palavras e frases engolidas. Se isso acontecer, considere a criança alfabetizada. Enrole-a num bonito papel de presente e despache-a para a série seguinte.

Se a criança não devolver o que lhe foi dado para engolir, recomece a receita desde o início, isto é, volte aos exercícios de prontidão. Repita a receita

---

[4]. Os textos "Receita de alfabetização" e "Alfabetização sem receita" têm circulado em cursos para professores, às vezes, sem indicação da autoria. Foram publicados: no *Boletim Informativo* n. 1, da Secretaria Municipal de Educação do Rio de Janeiro, jul./1989; pelo *Boletim Carpe Diem*, Centro de Aperfeiçoamento dos Profissionais de Educação, Prefeitura de Belo Horizonte, ano IV, n. 4, jan.-fev./1994.

tantas vezes quantas forem necessárias. Ao fim de três anos, embrulhe a criança em papel pardo e coloque um rótulo: *aluno renitente*.

## Alfabetização sem receita

Pegue uma criança de 6 anos ou mais, no estado em que estiver, suja ou limpa e coloque-a numa sala de aula onde existam muitas coisas escritas para olhar e examinar. Servem jornais, livros, revistas, embalagens, propaganda eleitoral, latas vazias, caixas de sabão, sacolas de supermercado, enfim, vários tipos de materiais que estiverem a seu alcance. Convide as crianças para brincarem de ler, adivinhando o que está escrito: você vai ver que elas já sabem muitas coisas.

Converse com a turma, troque ideias sobre quem são vocês e as coisas de que gostam e não gostam. Escreva no quadro algumas das frases que foram ditas e leia-as em voz alta. Peça às crianças que olhem os escritos que existem por aí, nas lojas, nos ônibus, nas ruas, na televisão. Escreva algumas dessas coisas no quadro e leia-as para a turma.

Deixe as crianças cortarem letras, palavras e frases dos jornais velhos e não esqueça de mandá-las limpar o chão depois, para não criar problema na escola.

Todos os dias, leia em voz alta alguma coisa interessante: historinha, poesia, notícia de jornal, anedota, letra de música, adivinhações.

Mostre alguns tipos de coisas escritas que elas talvez não conheçam: um catálogo telefônico, um dicionário, um telegrama, uma carta, um bilhete, um livro de receitas de cozinha.

Desafie as crianças a pensarem sobre a escrita e pense você também. Quando elas estiverem escrevendo, deixe-as perguntar ou pedir ajuda ao colega. Não se apavore se uma criança estiver comendo letra: até hoje não houve caso de indigestão alfabética. Acalme a diretora se ela estiver alarmada.

Invente sua própria cartilha. Use sua capacidade de observação para verificar o que funciona, qual o modo de ensinar que dá certo na sua turma. Leia e estude você também.

# 17
## Medidas provisórias para acabar com o analfabetismo

• Que o ministro da Educação nunca mais anuncie que vai acabar com o analfabetismo dentro de dois, cinco ou dez anos, graças a uma nova campanha de alfabetização.

• Que os salários dos professores lhes permitam viver com dignidade e comprar livros, jornais e revistas.

• Que os livros didáticos distribuídos pelo Ministério da Educação sejam de boa qualidade e cheguem às escolas antes do início das aulas.

• Que haja pelo menos uma biblioteca pública em cada lugarejo.

• Que todas as escolas, mesmo as mais pobrezinhas do interior, tenham uma boa enciclopédia, Atlas e dicionários, e uma sala de leitura onde as crianças possam olhar, tocar, folhear, conhecer e curtir livros que ensinam, distraem e divertem.

• Que as salas de leitura nas escolas sejam poupadas da humilhação de se transformarem em depósitos, em salas de castigo ou em salas de televisão.

• Que as escolas recebam assinaturas de jornais.

• Que num canto das salas de aula haja sempre uma pilha de gibis, revistas e de jornais para quando houver um momento livre.

• Que nas festas e comemorações escolares haja uma barraquinha, mesmo modesta, com livros usados ou novos, para trocar, vender ou emprestar.

• Que os pais com recursos deem livros de presente aos filhos em lugar de tantas bobagens caríssimas anunciadas na televisão; que de vez em quando desliguem a televisão e contem uma história para os filhos.

• Que as crianças brasileiras fiquem conhecendo o Saci-Pererê, o Caipora, a Mula-sem-cabeça e também a Gata Borralheira e Peter Pan.

• Que os professores leiam uma bonita história, uma crônica, uma reportagem ou um poema para as crianças, tantas vezes quantas lhes ensinarem a tabuada e os plurais irregulares.

- Que os nossos professores e seus alunos tenham a chance de conhecer Ruth Rocha, Lygia Bojunga, Ana Maria Machado, Fernanda Lopes de Almeida, Bartolomeu Campos de Queirós, Lobato, Cecília Meireles, Marcos Rey, Vinicius de Moraes, Clarice, Drummond e outros que escreveram coisas lindas para crianças e adultos.

- Que as professoras e os alunos tenham direito de ler o que quiserem, dos autores ilustres aos mais obscuros.

- Que nas suas visitas aos *shoppings*, os pais se lembrem de levar as crianças às livrarias.

- Que uma criança receba um livro de presente quando fizer uma coisa bonita e boa.

- Que uma criança não tenha que ler um livro como castigo.

- Que os professores não usem o livro de literatura infantil para ensinar gramática.

- Que a criança não tenha que responder a questionários de interpretação de leitura.

- Que nas noites de chuva ou nas longas tardes de férias uma criança encontre um livro que lhe dê uma aventura ou um sonho.

# 18
## A alfabetizadora em busca de sua identidade[5]

> *Instituto, fanal / Cuja história, tradições e lauréis vou lembrar / O, luzeiro, sem par, tua glória / Vimos todas de pé celebrar / Teu clarão nossas almas inflama / Faz bem presto convictas sentir / Que o destino da pátria reclama / Nossa oferta no altar do porvir / Salve, glória te rendemos / Com orgulho juvenil / Passo firme, caminhemos, / Na vanguarda do Brasil!* (Hino do Instituto de Educação do Rio de Janeiro).

O jornal *O Estado de S. Paulo* de 7 de novembro de 2000 anunciou:

> Colégio forma suas últimas normalistas. Tradicional Instituto de Educação do Rio de Janeiro vai encerrar curso de nível médio a partir de 2001.
>
> A normalista do Instituto de Educação, personagem da paisagem carioca que encantou gerações e foi tema da minissérie Anos Dourados, [...] na TV Globo, vai desaparecer.

Nos anos de 1950, a normalista real ou imaginária ocupava um lugar importante na galeria de tipos humanos da cidade. Duas letras de músicas nos fornecem imagens contrastantes.

*Normalista*, de Benedito Lacerda e Davi Nasser, cantada por Nelson Gonçalves, dizia: *vestida de azul e branco, trazendo um sorriso franco no rostinho encantador/ minha linda normalista, rapidamente conquista meu coração sofredor.*

Assim, em tintas róseas, estava representada a normalista: linda, solteira, *um brotinho em flor*, que só podia casar-se – de preferência com um oficial do Exército – depois de se formar.

---

**5.** A primeira versão deste texto foi apresentada no Seminário do Programa Interdisciplinar de Linguística Aplicada, Projeto Salínguas, Faculdade de Letras da UFRJ, em dezembro de 2000.

Já o sisudo hino do Instituto de Educação, instituição matriz, paradigma da formação de professoras, criado pela Escola Nova de Anísio Teixeira, Fernando de Azevedo e Lourenço Filho, apresentava uma outra imagem: uma espécie de missionária valente, orgulhosa e destemida, patriota, a alma inflamada pelo clarão do Instituto. A pátria exigia que elas depositassem *sua oferta no altar do porvir*; eram *a vanguarda do Brasil*.

A imprensa carioca deu pouca atenção ao fim da era das normalistas, mas na *Folha de S. Paulo* escreveu a jornalista Célia Chaim em 26 de novembro de 2001:

> A última chance de ver as normalistas do Instituto de Educação do Rio de Janeiro com aquela saia azul-marinho pregueada, a camisa branca e a gravatinha – uniforme que fez o escritor Nelson Rodrigues transbordar em pensamentos atrevidos, será no próximo carnaval do Rio de Janeiro. A escola de samba Unidos da Tijuca [...] está conversando com a direção do Instituto sobre a possibilidade de ter normalistas entre seus 4.000 integrantes. O enredo da escola é "Nelson Rodrigues pelo buraco da fechadura". O dramaturgo é autor da peça "Os sete gatinhos", em que personagens são normalistas. A Unidos da Tijuca já tem pronta a fantasia: o mesmo uniforme, só que em tecido mais transparente e, na cabeça, uma peruca pink com um adereço luminoso em forma de coração.

Assistimos hoje à carnavalização da normalista, mas "se de tudo fica um pouco", como disse o poeta Drummond, o que ficou das antigas imagens do brotinho em flor, da missionária inflamada, ou da *tia simpática* dos anos de 1970?

A normalista *brotinho em flor* tinha existência breve, era o embrião da professora primária, que iria desabrochar na sala de aula do subúrbio.

A ardorosa *missionária* era uma ficção engendrada pelo pensamento oficial.

A *tia* foi contestada pela literatura pedagógica engajada dos anos de 1970.

Qual a imagem da professora primária dos nossos dias? Como se vê, como interpreta a si própria na posição de professora? É ainda a tia-professora? Quem são as imagens de identificação de que as professoras de hoje dispõem para forjar a própria identidade?

A posição das professoras na vida e no discurso pedagógico é determinada pelo fato de serem membros do corpo docente de determinadas escolas, ligadas a uma Secretaria de Educação, a qual por sua vez tem uma política de formação de pessoal e uma política de alfabetização das quais as professoras são objeto e não sujeitos. As professoras são alvo e matéria-prima de reformas institucionais constantes – por exemplo, os ciclos recém-implantados no Ensino Fundamental. São destinatárias também da divulgação intensiva de determinados autores e linhas de pesquisa como tem sido o caso do construtivismo piagetiano, pela voz de Emilia Ferreiro, com acréscimos de ideias de Vygotsky, Wallon e Luria.

A Secretaria Municipal de Educação do Rio propôs durante a década de 1990 o modelo de *professora construtivista* e especialmente da *alfabetizadora construtivista*.

Contudo, no Curso de Extensão em Alfabetização, vimos a perplexidade das professoras a respeito de várias questões técnicas relacionadas com o ato de alfabetizar. Elas nos perguntam: como age uma professora construtivista, além de deixar as crianças experimentarem livremente a escrita? Quando, como e onde interferir? Como avaliar os progressos dos alunos?

Além da Secretaria Municipal de Educação, uma outra fonte de influências e representações são as universidades nacionais e estrangeiras: dos discursos de seus pesquisadores emergiram os modelos de *professor-reflexivo* e *professor-pesquisador*, para não falar do *professor-artista, professor-aprendiz* e outros menos citados. Autores que preconizam esses modelos de professor pesquisador e professor-reflexivo, como Schön, Perrenoud, Tardif e Nóvoa, foram seguidos por muitos outros autores nacionais. Qual é o alcance dessas novas propostas?

À margem das propostas oficiais ou acadêmicas, quem são as professoras da vida real – ou, pelo menos, aquelas com quem eu interajo?

Antes de tudo, são mulheres trabalhadoras, cansadas e sobrecarregadas. Além dos dois turnos de trabalho, nas escolas, e dos cuidados com a família, muitas trabalham na economia informal, como vendedoras ou prestadoras de serviços.

São as professoras – vendedoras de hoje menos professoras que as outras, do tempo do brotinho em flor?

Não, a identidade de professoras nelas permanece muito forte. A profissão é o que as caracteriza no meio social, estão envolvidas com as crianças e seus problemas. O investimento afetivo que fazem na profissão é surpreendente, por vezes dramático e tocante.

O pensamento da Academia sobre alfabetização não lhes é estranho, em primeiro lugar porque frequentaram as instituições de formação inicial que as habilitaram para o magistério. Depois de formadas, o discurso acadêmico chega até elas por meio de *cursos, treinamentos, reciclagens, capacitações, seminários* – são variadas as denominações e as intenções destas iniciativas – que lhes são oferecidos esporadicamente pelas universidades e pelas secretarias de educação – mas as professoras não têm tempo, ou têm muito pouco tempo para estudar, ler e trocar ideias com seus pares. Não têm tempo porque ganham mal e trabalham muito.

A grande reivindicação das professoras é ter tempo: para estudar, fazer cursos, ler. Para se dedicarem aos filhos. Para os lazeres, que são poucos e modestos: ver televisão, visitar os parentes. Filmes, só na televisão; teatro e viagens, nunca. À noite, é preciso cuidar dos serviços domésticos, ajudar os filhos a fazerem os deveres.

A indigência salarial tem sido disfarçada pelo expediente de trabalhar em dois turnos, mas os salários de duas matrículas, somados, geralmente não chegam a alcançar mil reais.

Muitas vezes, nos nossos encontros e entrevistas, indaguei sobre os salários e em lugar da indignação que eu esperava encontrei respostas que me surpreenderam:

– *Acho que meu salário é razoável. Não é alto, mas não é fácil achar um bom salário hoje em dia.*

No entanto, o salário indigente é incompatível com o exercício pleno da função docente. Se a professora precisa trabalhar em dois turnos – doze, quatorze, dezesseis horas por dia –, como exercer a contento uma atividade profissional que exige renovação, reflexão, pesquisa, esforço físico e investimento afetivo? Só abrindo mão do estudo, da reflexão e da troca de experiências.

Dentro desse quadro, como levar em conta as propostas de serem *professoras-pesquisadoras, professoras-reflexivas?*

Meu pressuposto é que as professoras desejariam ser pesquisadoras da própria prática, e à sua maneira têm uma prática reflexiva espontânea, diante dos problemas com que se defrontam no dia a dia. São professoras reflexivas, embora fora dos padrões sugeridos pela Academia.

Escrevendo sobre os saberes docentes, PERRENOUD (1999) afirma que existe uma confusão entre a *prática reflexiva espontânea*, realizada por todo aquele que enfrenta um problema, um obstáculo, um fracasso e a *prática reflexiva metódica* e coletiva da qual os profissionais lançam mão "durante o tempo em que os objetivos postos não são atingidos" (Perrenoud, 1999, p. 10). E acrescenta: num ofício impossível (que é o magistério) os objetivos raramente são atingidos.

Quais são as dificuldades para realização dessa proposta de formar professores reflexivos no sentido proposto por Perrenoud?

Em primeiro lugar, o fato de serem submetidas a sucessivas ondas de reformas ou a *chuvas de treinamento* (como disse uma alfabetizadora, aluna do Curso de Extensão) que pressupõem adesão generalizada e mais ou menos imediata a novas linhas teóricas e a novos padrões de práticas pedagógicas.

Segundo, a rotatividade nas escolas que dificulta ou impede a formação de equipes estáveis, que chegariam a se firmar em torno de alguns pressupostos pedagógicos.

A luta pela sobrevivência obriga ou conduz as professoras à adoção do estilo *na minha sala, depois da porta fechada, quem sabe do meu traba-*

*lho sou eu*. É verdade que duplas ou trios de professoras que partilham planos de aula, exercício, materiais, são comuns em muitas escolas. O que é raro, raríssimo é ouvir dizer de uma escola com uma equipe estável, entrosada, dividindo problemas e encaminhando soluções coletivas.

Tenho receio que a autoimagem da professora alfabetizadora da atualidade esteja impregnada pelo sentimento vago de não ser e pela ideia demolidora do não saber.

*Não ser moderna, não ser capaz de ganhar dinheiro, não ser previdente, não ser inteligente o bastante para escolher algo melhor.*

*Não saber alfabetizar, não saber sobre construtivismo, não saber lidar com as crianças difíceis, não saber conviver com as famílias, com os traficantes que rondam as escolas, com as reformas que mudam tudo a cada quatro anos.*

Não são apenas as crianças das escolas públicas que têm sua autoimagem *profundamente* prejudicada. Começam a aparecer, no discurso das professoras, referências à vergonha da profissão. A opção de carreira que já foi motivo de júbilo e orgulho é agora criticada e deplorada por amigos e parentes, que dizem: "ser professora é caminho que não leva a nada, é beco sem saída, escolha de quem não pode escolher algo melhor".

É preciso criar uma reação política e acadêmica a esse estado de coisas, questionar as condições objetivas e subjetivas que estão levando muitas professoras a terem de si uma imagem que se define pelo negativo, pelo não saber e pelo não ser.

Na interação que venho mantendo com as professoras, chamou-me a atenção o silêncio sobre três temas, que, aparentemente diversos, são na verdade interligados:

Há um grande silêncio sobre as injustas condições de trabalho: salários ruins, excesso de alunos por turma, falta de equipamento e de material didático, falta de pessoal auxiliar (inspetores, serventes, merendeiras) e de professores para atividades enriquecedoras do currículo, como educação física, música e artes.

Há um pacto de silêncio sobre o clima de guerra civil vivido em algumas comunidades. São as drogas, os traficantes, alunos armados, dentro da escola ou nos seus arredores. A imprensa até pouco tempo não noticiava, agora os jornais falam do assunto. Professores e diretores temem pela própria vida e se calam. A violência gera ansiedade e angústia. O Estado não garante mais a segurança física de alunos e professores.

Há um grande silêncio sobre práticas pedagógicas, especialmente sobre abordagens metodológicas ou métodos de alfabetização. Parece que as professoras têm uma prática envergonhada.

Por que a professora se cala sobre a própria prática? Por que pensa que não sabe alfabetizar ou diz que não sabe? O que ela acha que deveria saber? O que lhe falta saber ou para saber que sabe?

A professora Lucíola Santos, da Universidade Federal de Minas Gerais, explica que *a área da alfabetização foi colonizada pela Academia.* A produção do conhecimento sobre alfabetização e leitura cresceu enormemente dos anos de 1970 em diante. Ao mesmo tempo, caiu a qualidade da formação inicial nas escolas normais, que passaram a ser procuradas por alunas pertencentes a famílias de baixa escolaridade e pouco capital cultural.

O investimento da Universidade na questão da alfabetização aparece timidamente nos cursos de Pedagogia, mas a Academia ganhou o controle da produção científica no campo. Seminários, publicações, pesquisas sobre alfabetização são planejados e produzidos por professores universitários.

*A atriz principal tornou-se coadjuvante,* a normalista de sorriso franco e rostinho encantador ou a missionária valente perderam o papel principal e saíram de cena; entrou a professora-que-não sabe.

Não apenas a universidade colonizou a alfabetizadora, mas a Secretaria Municipal de Educação também o fez. A professora participante do curso de extensão pertence a uma escola e a uma Secretaria de Educação, a qual tem uma política de formação de pessoal e uma política de alfabetização. Se tem sido tratada como objeto e não como sujeito da própria formação, ela tem bons motivos para se calar.

O discurso das professoras atuais sobre alfabetização remete a outros e antigos discursos: o ideário da Escola Nova e a contribuição mais recente do construtivismo. Nas suas falas, os enunciados relativos à produção e interpretação de textos e à construção do conhecimento pelas crianças são frequentes. Contudo, nossa observação de aulas e a análise de materiais didáticos, exercícios e cadernos infantis têm revelado que a influência do construtivismo tem ficado limitada a algumas práticas, como a ênfase no trabalho com os nomes próprios dos alunos, a tentativa de classificação da etapa de desenvolvimento da escrita em que se encontra a criança e uma atitude mais tolerante em relação à escrita nas fases iniciais da apreensão do código alfabético. Além disto, começam a aparecer nas salas de aula maior número e variedade de tipos de textos, como forma de enriquecimento das atividades.

Embora a Escola Nova recomendasse a alfabetização a partir da oração e o construtivismo apoie a ideia de deixar a criança explorar e produzir textos desde as fases iniciais da alfabetização, nossa constatação é que as professoras com quem trabalhamos preferem iniciar a alfabetização a partir da unidade palavra. Como disse Tardif (1991), os saberes da experiência parecem funcionar como um filtro para a professora escolher o que vai ser adotado e o que será rejeitado na prática.

Para concluir este livro, quero trazer à baila uma questão que me preocupa: por que é tão difícil o diálogo entre pesquisadores universitários e professores do ensino básico? Por que há tantos silêncios, tantos ocultamentos, tantos jogos simbólicos de dizer e não dizer nas situações de pesquisa que desenvolvemos?

Lembro a contribuição de Philippe Perrenoud (1999) no seu artigo sobre a formação de docentes *em contextos sociais em mudança*, em que defende a formação do professor para a prática reflexiva, insistindo nas diferenças entre esta e a pesquisa universitária.

Penso que suas ideias são de interesse para nós que trabalhamos no território comum da pesquisa e da formação continuada. Nossa prática habitual é a realização de pesquisas – nesse sentido, somos professores pesquisadores – mas não creio que estejamos minimamente preparados para formar *professores reflexivos* nas condições concretas em que se encontram os atuais cursos de licenciatura.

Pesquisa e prática reflexiva supõem atitudes diferentes. A pesquisa quer explicar, sublinhando sua exterioridade, enquanto "a prática reflexiva quer compreender para regular, ordenar, fazer evoluir uma prática particular a partir do seu interior" (PERRENOUD, 1999).

As funções da pesquisa e da prática reflexiva são diversas. A primeira visa a produzir saberes de cunho geral, duráveis, que possam ser integrados a teorias, enquanto que na prática reflexiva o professor dirige o olhar para seu próprio trabalho, seu contexto imediato, as condições concretas do seu exercício.

Essa prática reflexiva pode constituir um importante objetivo da formação inicial e continuada que fica a cargo das universidades.

No trabalho de extensão que realizamos na Faculdade de Educação, tentamos realizar uma escuta atenta das reflexões das professoras sobre sua prática, que está atravessada por muitas contradições. Tentamos estimular e sistematizar essas reflexões, delas extraindo ideias e conceitos, o que é mais difícil do que ensinar conteúdos teóricos já estruturados. Exige de nós, formadores, reflexão continuada sobre a prática de formação, que deve ainda levar em conta as atividades do mesmo tipo desenvolvidas pelas Secretarias de Educação, mas não substituí-las.

**Referências bibliográficas**

PERRENOUD, Philippe. Formar professores em contextos sociais em mudança: prática reflexiva e participação crítica. *Revista Brasileira de Educação*, n. 12, set.-dez./1999, p. 5-21.

TARDIF, Maurice et al. Os professores face ao saber: esboço de uma problemática do saber docente. *Teoria & Educação,* n. 4, 1991, p. 215-234.

Conecte-se conosco:

 facebook.com/editoravozes

 @editoravozes

 @editora_vozes

 youtube.com/editoravozes

 +55 24 2233-9033

www.vozes.com.br

Conheça nossas lojas:
www.livrariavozes.com.br

Belo Horizonte – Brasília – Campinas – Cuiabá – Curitiba
Fortaleza – Juiz de Fora – Petrópolis – Recife – São Paulo

EDITORA VOZES LTDA.
Rua Frei Luís, 100 – Centro – Cep 25689-900 – Petrópolis, RJ
Tel.: (24) 2233-9000 – E-mail: vendas@vozes.com.br